PALESTINE

即時停戦！

砲弾が私たちを焼き尽くす前に

和田春樹　伊勢崎賢治　羽場久美子

アソシエーションだるま舎 土田修 編著

UKRAINE

社会評論社

目次

第4章 Le Monde diplomatique

はじめに

すでに瓦礫の山となったパレスチナ自治区ガザでは、七日間の戦闘休止が終わり、一二月一日からイスラエル軍による空爆が再開されました。カタールの衛星テレビ局アルジャジーラによると、最初の二四時間で七〇〇人以上の住民が犠牲になったそうです。戦闘休止前は連日、一〇〇〜二〇〇人だった死者が一挙に数倍に増加しました。

「ハマスのせん滅」を声高に叫びながら、ネタニヤフ政権はパレスチナ人のジェノサイド（民族虐殺）を計画的に実行しているとしか言いようがありません。一九四八年のイスラエル建国時に起きた第一次中東戦争の際、武装組織イルグンの指導者だったメナヘム・ベギンはパレスチナ住民を追い出す作戦として「虐殺の恐怖」を利用しました。これは明らかな戦争犯罪です。

イルグンはリクード党の前身です。ベギンも後に首相になっています。「虐殺の恐怖」、イスラエルが建国以来行なってきたパレスチナ人「追い出し策」のキーワードがこれです。こんなことを国際社会が許してきたのはなぜでしょうか。建国以来、イスラエルに軍事支援を続けているアメリカが、国連でイスラエル非難の決議案に繰り返し拒否権を発動して葬り去ってきた結果です。

　一方、ウクライナでは、六月に始まったウクライナ軍の反転攻勢が失敗に終わり、東部戦線でロシア軍が攻勢に出るなど「戦闘の新たな段階」を迎えています。両軍の戦死者は確実に増え続けていますが、停戦交渉の声はどこからも上がりません。ウクライナに巨額

の戦争資金を提供しているアメリカがロシアに打撃を与えるため「戦争継続」を望んでいるからです。ウクライナ戦争はいまや、「アメリカの代理戦争」になっているのではないでしょうか。
　六月にパリのホテルで見たニュース番組のキャスターは「間もなくNATO軍がウクライナに参戦？」と戦争の拡大をあおっていました。そうなれば欧州大戦です。
　そのアメリカでは、来年の大統領選挙を前に、「自国優先」を標榜する共和党がウクライナ支援を拒否しています。アメリカから武器と金が来なくなれば、ウクライナは戦争を続けることができません。同じことがパレスチナにもいえます。アメリカの支援がなくなればイスラ

エルはガザ侵攻を続けられなくなるでしょう。

今年四月、G7広島サミットを前に、学者や専門家、ジャーナリストらが「Ceasefire Now! 今こそ停戦を」の声明を出しました。ウクライナ戦争の「停戦」を呼びかけ、東アジアに戦争の火種を広げないことを求める内容です。広島に集まるG7指導者には武器の援助ではなく「交渉のテーブル」をつくるよう、日本政府には中国、インドとともに停戦の仲裁国となるよう呼びかけています。

この声明の発起人(三二人)には、第1章「interview」に登場する和田春樹さん、伊勢崎賢治さん、羽場久美子さん、第2章「talk」に登場する西谷修さん、金平茂紀さん、東郷和彦さんのほかに、田中優子さん、岡本厚さん、田原総一朗さん、姜尚中さん、上野千鶴子さんら数多くの方々のお名前が並んでいます。

五月に開催されたG7広島サミットに合わせて、東京新聞とジャパン・タイムズに大きな意見広告が掲載されました。さぞかし、国内外で話題になっているものと思い、九月二一日に衆議院第一議員会館で開催された第二回目のシンポジウムを覗いてみると、山口県の長周新聞以外、どこのメディアも取材に来ていませんでした。

正直なところ、ウクライナ戦争に「停戦」を求める声は「ここまで無視されているのか」とずいぶん驚きました。確かに、平和団体やリベラル系NGOなどで活動している知人の中に「ロシアを追い出すまでウクライナを支援すべきだ」「今、停戦を口にするのは侵略者プーチンに利するだけだ」と主張する人がいるのは事実です。

政治家の演説や新聞・テレビの論調も、ウクライナのゼレンスキー大統領を称賛し、ロシアのプーチン大統領を「悪玉」扱いする傾向が強いようです。しかも、連日、テレビに出演する学者や研究者の多くは、アメリカのネオコン系シンクタンクの情報に基づき、ウクライナ軍の前進・勝利とロシア軍の損害ばかりを強調する発言を繰り返しています。太平洋戦争中の大本営発表もこうだったのでしょうか。

こうした好戦的な言説や善悪二元論に拘泥するのではなく、犠牲者を一人でも減らすために、一日も早い「停戦」を求めるというのが、「今こそ停戦を」の声明を出した方々の目的です。こうした和田さんらの意見が少数派であっても、それを多くのメディアが無視するというのはあってはならないことです。この本の出版がどんなにささやかな取り組みであっても、「停戦」を求める声を一人でも多くの人に届け、その意義を理解してもらうのが私たちの願いです。

一〇月には、パレスチナで「新たな戦争」が始まりました。世界有数の軍隊と「インサージェント（非対称戦力）」との戦いです。ハマスは自爆的な勝ち目のない〝戦争〟を仕掛けました。それを奇貨として、イスラエルは「ハマスをせん滅する」と豪語し、ガザ地区への攻撃を激化させています。

今こそ、私たち市民は国内外に向けて、ウクライナとガザでの「停戦」を求める声を上げるべき時です。ウクライナ戦争や中東の紛争が拡大し、東アジアに飛び火する前に、日本政府はウクライナとイスラエルへの支援をやめるようにバイデン政権に要請すべきです。

ウクライナ戦争に関しては、イスタンブールで中断している停戦交渉の再開をロシアとウクライナに求めること、ガザ紛争に関しては、国政選挙で選出された「政体」であるハマスを「テロリスト」ではなく、「交渉相手」として認めることをイスラエルと欧米に求めたいと思います。

平和を求めるその願いを踏まえて、パレスチナを代表する詩人マフムード・ダルウィーシュの「イスラエル兵士の手紙」という詩を引用し、「砲弾が私たちを焼き尽くす前に」をこの本のタイトルにしました。ダルウィーシュについては、一一月四日にシネマハウス大塚で「地がわれらを圧迫する」の詩を朗読してくださった四方田犬彦さんにご教示いただきました。四方田さんにはダルウィーシュにまつわるエッセイも書いていただいています。

この本の構成ですが、第1章は「Ceasefire Now! 今こそ停戦を」の発起人の中から中心メンバーである三人のインタヴュー、第2章は「今こそ停戦を」をテーマに衆議院第一議員会館で開催されたシンポジウムに参加された三人の発言、第3章はそのほかの五人によるエッセイです。第4章はフランスの月刊紙ル・モンド・ディプロマティークの日本語版（https://jp.mondediplo.com）から、ウクライナとパレスチナ関係の翻訳記事五本を転載させていただきました。

最後に、短時間での出版に向けて大車輪となって作業に当たっていただいた、編集・校正の川端聡子さんと、デザイナーの大石一雄さん、それにインタヴューの写真を撮影していただいた高橋晃さんに心からの感謝を申し上げます。

二〇二三年一二月

土田　修

第1章

interview

取材／土田 修
写真／高橋 晃

２０２３年５月広島に集まるＧ７指導者におくる日本市民の宣言

私たちは日本に生きる平和を望む市民です。

ウクライナ戦争はすでに1年つづいています。この戦争はロシアのウクライナへの侵攻によってはじまりました。ウクライナは国民をあげて抵抗戦を戦ってきましたが、いまやＮＡＴＯ諸国が供与した兵器が戦場の趨勢を左右するに至り、戦争は代理戦争の様相を呈しています。数知れぬウクライナの町や村は破壊され、おびただしい数のウクライナ人が死んでいます。同時にロシア軍の兵士もますます多く死んでいるのです。これ以上戦争がつづけばその影響は地球の別の地域にも広がります。ロシアを排除することによって、北極圏の国際権益を調整する機関は機能を停止し、北極の氷は解け、全世界の気候変動の引き金となる可能性がうまれています。世界の人々の生活と運命はますますあやうくなるのです。核兵器使用の恐れも原子力発電所を巡る戦闘の恐れもなお現実です。戦争はただちにやめなければなりません。

朝鮮戦争は、参戦国米国が提案し、交戦支援国ソ連が同意したため、開戦1年と15日後に、正式な停戦会談がはじめられました。ウクライナ戦争では開戦5日目にウクライナ、ロシア2国間の協議がはじめられ、ほぼ1カ月後にウクライナから停戦の条件が提案されると、ロシア軍はキーウ方面から撤退しました。しかし、現実的な解決案を含むこの停戦協議は4月はじめに吹き飛ばされてしまい、戦争は本格化しました。以来残酷な戦争がつづいてきたのです。開戦1年が経過した今こそ、ロシアとウクライナは、朝鮮戦争の前例にしたがって、即時停戦のために協議を再開すべきです。Ceasefire Now！の声はいまや全世界にあふれています。

幸いなことに、この戦争において、穀物輸出と原発については、国連やトルコなどが仲介した一部停戦がすでに実施されています。人道回廊も機能しています。こうした措置は、全面停戦の道筋となりうるのです。中国が停戦を提案したこともよい兆候です。ヨーロッパ諸国でも停戦を願う市民の運動が活発化しています。G7支援国はこれ以上武器を援助するのではなく、「交渉のテーブル」をつくるべきなのです。グローバル・サウスの中立国は中国、インドを中心に交渉仲裁国の役割を演じなければなりません。

ウクライナ戦争をヨーロッパの外に拡大することは断固として防がなければなりません。私たちは東北アジア、東アジアの平和をあくまでも維持することを願います。この地域では、まず日本海（東海）を戦争の海にはしない、米朝戦争をおこさせない、さらに台湾をめぐり米中戦争をおこさせない、そう強く決意しています。No War in Our Region！—私たちはこのことを強く願います。

日本は1945年8月に連合国（米英、中ソ）に降伏し、50年間つづけてきた戦争国家の歴史をすて、平和国家に生まれ変わりました。1946年に制定した新憲法には、国際紛争の解決に武力による威嚇、武力の行使をもちいることを永久に放棄するとの第9条が含まれました。日本は朝鮮の独立をみとめ、中国から奪った台湾、満州を返したのです。だから、日本は北朝鮮、韓国、中国、台湾と二度と戦わないと誓っています。日本に生きる市民は日本海（東海）における戦争に参加せず、台湾をめぐる戦争にも参加することはなく、戦わないのです。

私たちは、日本政府がG7の意をうけて、ウクライナ戦争の停戦交渉をよびかけ、中国、インドとともに停戦交渉の仲裁国となることを願っています。

2023年4月5日

国際世論の盛り上げで平和構築を

和田春樹

わだ・はるき／一九三八年大阪生まれ、東京大学文学部西洋史学科卒業。専門はロシア・ソ連史、現代朝鮮研究。主な著書は『日露戦争 起源と開戦』『朝鮮戦争全史』『北朝鮮現代史』（岩波書店）、『スターリン批判 1953〜56年』『ロシア革命』（作品社）、『日朝交渉30年史』（ちくま新書）、『ウクライナ戦争 即時停戦論』（平凡社新書）など。

今年五月に開催されたG7広島サミットを前に、和田春樹さんら国際政治学者や紛争問題の専門家が集まって、「Ceasefire Now! 今こそ停戦を」というウクライナ戦争の停戦とアジアに戦争の火種を広げないことを求める声明を出した。昨年三月にイスタンブールで始まった停戦交渉は頓挫したままだ。今年六月に始まったウクライナ軍による反転攻勢は失敗に終わり、一一月に入って東部戦線はこう着状態に陥っているといわれる。そのうえ、一〇月にはイスラエルによるガザ侵攻が始まった。ウクライナとパレスチナの「即時停戦」、それに東北アジアでの平和構築というスローガンを掲げる和田氏は「憲法九条に根差した日本の平和運動を世界に発信していきたい」と訴える。

アメリカの新しい戦争の「宣戦布告」

――昨年二月二四日に始まったウクライナ戦争はもうすぐ二年になりますが、劣化ウラン弾やクラスター爆弾の投入など戦いはますます危険なものになっていますね?

この戦争で犠牲になっているロシア人やウクライナ人のためにも、全世界の人々のためにも、一刻も早くこの戦争を止めなければなりません。両国の戦死者は兵士や市民を合わせてすでに数十万人に及んでいるといわれています。またロシアからの天然ガスや石油、ウクライナからの穀物の供給が制限され、欧州だけでなく世界中の人たちの生活に大きな打撃を与えており、アフリカでは飢饉の発生が心配されています。

ウクライナ戦争は新しいモデルのヨーロッパ戦争になっています。アメリカやヨーロッパの五〇カ国がウクライナを支援してロシアと戦っていますが、昨年二月の国連総会で採決が行なわれたロシア非難決議に三五カ国が棄権し中立を標榜しました（賛成は欧米諸国と日本など一四一カ国、反対はロシア、ベラルーシ、シリア、北朝鮮など五カ国）。それはベトナム、インド、パキスタン、イラン、イラク、南アフリカ、アルジェリアなどアフリカや中南米、中東などに多かった。対立構造は全世界に及んでおり、ウクライナ戦争の火の粉が欧州のみならず、東アジアにも飛んできて世界大戦に発展する可能性さえあります。一刻も早くウクライナ戦争の即時停戦を実現しなければなりません。そうした思いから私たちは声明を出したわけです。

ウクライナ戦争が始まってすぐにロシアとウクライナ両国政府は戦争をやめるための交渉を始めていました。昨年三月二九日にトルコのイスタンブールで行なわれた第五回目の停戦協議で、ウクライナ側から提示された停戦条件をロシア側が歓迎し、首都キエフに向かって進めていた部隊を撤退させることが起こります。ところが、四月三日、ブチャでウクライナ市民の虐殺死体が発見されると、ロシア非難が巻き起こり、その後、停戦交渉は吹っ飛んでしまいました。

ウクライナ戦争について私たちが「即時停戦」を提案したら、「今そんなことを言うべきではない。ウクライナは戦おうとしているのだから」と意見を言った人たちがいました。でもその同じ人たちがパレスチナの戦争では「即時停戦」を求める運動を起こしています。パレスチナ・ガザでの戦争を止めるためにも、ウクライナ戦争を止めなければなりません。

私たちはイスタンブールでやっていた停戦交渉を再開してロシアとウクライナが話し合って、どこで停戦するかということを話し合うべきだと言っているんです。やみくもに停戦せよと言っているのではありません。そもそも、そんなことはできないんですから。

両国の代表がテーブルについて話し合わなければ停戦はできません。停戦するのはロシアとウクライナですから、中断されてしまった停戦会談を再開するように私たちは言っているんです。停戦交渉はブチャの虐殺が発覚したので吹っ飛んだという人がいますが、それは本当なのか？　ロシアはイスタンブールでの停戦交渉でウクライナ側から出された提案に大変喜んだんです。

ウクライナの安全保障を条件にロシアが強く求めていたウクライナの中立化に応じる考えを示していたからです。中立とは北大西洋条約機構（ＮＡＴＯ）に加盟しないということを意味します。キエフ方面に向かっていたロシア軍の撤退の理由についてはさまざまな議論があります。「ロシア軍部隊はウクライナ軍に負けたから撤退したのだ。停戦交渉とは無関係だ」と言う人もいます。ロシア軍はキエフの手前まで行って攻め込めなかったのですから、ウクライナ側の抵抗が強かったことも確かでしょう。

でも、ウクライナ側の提案に応じてキエフ周辺での軍事作戦を大幅に縮小したと見ても間違いとは言えないでしょう。その後にブチャの虐殺事件が判明しました。ウクライナ政府は世界中のメディアを現地に集めて一方的にロシア軍の仕業だと言い募り、国連の調査団を入れませんでした。欧州も「戦争犯罪」だとロシアを強く糾弾しました。ゼレンスキー政権も「これは許されないことだ」とロシアを非難しましたが、停戦交渉は別の問題です。ウクライナ側が「まだ停戦交渉を続ける」と言っていたという新聞報道もあります。

問題はアメリカです。アメリカはウクライナ側の提案が出されたとき、「ロシア側の反応を見る」と平静を保っていましたが、実は、バイデン大統領はその提案が出る二日前の昨年三月二六日にワルシャワで激烈な内容の演説をしているんです。その演説を私はウクライナ戦争開戦後の最も重要な演説であったと考えています。その中でバイデン氏は「専制主義に対する民主主義の闘争」の最新の戦闘としてウクライナ戦争を位置付け、「アメリカがウクライナを支援し、この戦闘を戦い抜く」と明確に宣言したんです。とはいえ、バイデン氏は米兵の参戦を否定しました。「欧州にいる米軍はロシア軍と衝突するためにいるのではない、NATO同盟国を防衛するためである」と念押ししました。

私はこの演説を、ウクライナに「アメリカの代理戦争」をさせるアメリカの対ロシア「宣戦布告」だと受け取りました。その立場からすると、ウクライナがその二日後に中立を認めるような妥協的な提案を出したことと矛盾します。アメリカはウクライナの中立を認める提案に驚き、不快感を抱いたのではないでしょうか。不思議なことにアメリカがウクライナの提案をどう受け取ったのかは詳しく報道されていません。「ウクライナが望むなら交渉しなさい」と前向きにとらえたのか、それとも「われわれは戦争宣言を出したんだ。ここでどうしてウクライナが戦争をやめるのか」という否定的な態度だったのか、よく分かりません。

いずれにせよ、ウクライナがロシアと交渉を開始したのはアメリカの意向を受けてのことではなかったのだと思います。ウクライナは戦争を早くやめたい、ロシアとの戦争に突っ込んでいくのは嫌だと思っていたんじゃないでしょうか。だからゼレンスキー氏はロシア軍にキエフに突入されては困るし、抵抗したうえで交渉によってそれを止めたいと考えていたのだと思います。それに対してアメリカはゼレンスキー氏に「キエフから逃げて後方に下がって抵抗を続けろ」と言ったといわれています。

――アメリカがゼレンスキー氏に亡命を示唆したという報道もありました。

そうです。国外へ逃げろと。キエフに立てこもってもロシアにやられてしまえば終わりですから。「逃げるのは当然だ、逃げて抵抗を続けろ」とアメリカが促した可能性もあります。一方、ウクライナはキエフに立てこもって戦い続けながら、同時に停戦交渉を続けたいと考えていたのではないかと思います。ウクライナは明らかに戦争をやめたかったし、キエフ陥落という事態は絶対に避けたかったでしょう。停戦交渉はアメリカの指示でやったものではなかったと思います。

アメリカは「ウクライナがんばれ、われわれも戦うぞ」という宣言を出したわけです。そうしたら、その二日後にウクライナが中立を条件に停戦に応じると言い出した。アメリカ側が不快に感じたとしても不思議ではありません。このあたりは背後でいろんなことがあったのではないかと思いますが、残念ながら、世界のジャーナリズム報道によって明らかにされていません。ブチャ虐殺が発覚し、「戦争継続だ」ということで、ほかのことは吹っ飛んでしまった。世界中が「野蛮なロシアの侵略を許すな」と言い出し、ウクライナは総力戦にはまり込んでしまった。それ以外の可能性は消えてしまったわけです。

憂慮する日本の歴史家の訴え

アメリカという国は取材さえすれば、当時、アメリカ政府がウクライナの提案についてどのような反応をしたのかは明らかになるはずです。ワシントン・ポスト紙は、ロシアとドイツを結ぶ海底天然パイプラインが昨年九月に爆破された事件にウクライナ軍が関与していたと報じました。停戦交渉が吹っ飛んだ背景についての記事がいつか明らかになる日が来ることを願います。これから停戦交渉をやるとすれば、それは再開ということです。だから「あなた方がやっていた停戦交渉を再開してはどうか」というのが私たちの要望です。決して無理な提案ではないはずです。

ところで、私たちの声明に対して、批判が高まったのも事実です。「ウクライナに侵攻したロシアが領土を獲得して終わるのは絶対に許されない」ということです。ロシアを完全にウクライナの外に追い出せというわけです。それが国際社会の世論になっているみたいです。各国政府のみならず、多くの国民も「ウクライナ戦争はわれわれ民主主義陣営にとっての決戦なのだ」という気持ちになっているようです。国連総会でロシアへの非難決議の採決の際に棄権した国々からは「早く戦争をやめさせよう」という声が出てきていますが、特に欧州で戦争反対を叫ぶ市民の運動は抑え込まれている感がありますから、事態を打開する道がないわけです。ウクライナ戦争については出口がない状態です。

戦争は当事者の国同士ではなかなか止められません。ウクライナは戦争をすることで国民の結束が高まり、大統領の力は強くなっています。戦争によって国民の数は減るかもしれないけど、国民の団結は固くなるというわけです。だからこそ私たちは停戦の声を上げなければいけないと考えたわけです。最初、私は昨年三月にロシア史を研究する友人たちに呼びかけて、「ロシアのウクライナ侵攻を一日でも早く止めるために日本は何をなすべきか　ロシア＝ポーランド史家は訴える」と題したオンライン会議を開催しました。この会議の後、一四人の研究者による話し合いが行なわれ、私が起草した声明「憂慮する日本の歴史家の訴え――ウクライナ戦争を一日でも早く止めるために日本政府は何をなすべきか」を連名で発表しました。

そこで私たちは「このような戦争が継続することはウクライナ人、ロシア人の生命をうばい、ウクライナ、ロシアの将来にとりかえしのつかない打撃をあたえることになる。ウクライナ戦争の継続はヨーロッパの危機、世界の危機を決定的に深めるであろう」「戦闘停止を両軍に呼びかけ、停戦交渉を仲介するのは、ロシアのアジア側の隣国、日本、中国、インドがのぞましい」などと訴えたのです。この声明に署名したのは、私と、藤本和貴夫氏（大阪経済法科大学元学長）、伊東孝之氏（北海道大学名誉教授）、塩川伸明氏（東京大学名誉教授）、富田武氏（成蹊大学名誉教授）、毛里和子氏（早稲田大学名誉教授）、加納格氏（法政大学元教授）、羽場久美子氏（青山学院大学名誉教授）、吉田浩氏（岡山大学准教授）らの一四人です。

この声明のロシア語版をロシア大使館に送り、三月二四日に藤本氏、伊東氏、加納氏、富田氏、羽場氏と計六人でロシア大使館を訪ね、ガルージン大使と面談しました。ガルージン大使は「ロシア軍の侵攻からウクライナ戦争が始まったという声明の冒頭の言葉に異論がある」とし、「戦争は二〇一四年のいわゆるマイダン革命(1)からすでに始まっていた」と指摘しました。さらに、ウクライナ東部のドンバス地方ではマイダン革命以降、ロシア人がウクライナ人によって殺され続けており、その間のロシアの抗議に西側は全く耳を貸さなかったと述べました。

Ceasefire Now!
今こそ停戦を
シンポジウム2
9月21日(木)14時〜16時半
(開場30分前)
衆議院第一議員会館 国際会議室
第一部 (14:00 - 15:40)
田中優子 (14:00-)
「おんなたちはウクライナ戦争に反対している」
和田春樹 (14:20-)
「ウクライナ戦争は何から何になったのか - 松里公孝著『ウクライナ動乱』ちくま新書を読み解く」
羽場久美子 (14:50-)
「欧州・ロシアからの直接言論インタヴュー：大手メディアに届かなかった声」
伊勢崎賢治 (15:10-15:40)
「北東アジアの"ウクライナ化"を避けるには：朝鮮有事の視点から」
第二部 討議
(15:50 - 16:30)
田中優子
和田春樹
羽場久美子
伊勢崎賢治
岡本厚(司会)
石破茂
山崎誠
くしぶち万里
金平茂紀(未定)
鈴木国夫
マエキタミヤコ
ほか皆さま
「今こそ停戦を」は電子署名を集めています。ご協力お願いします。

私たちは大使に、即時停戦と停戦会談の開始、それに中国、インド、日本の三国による停戦の仲介について強く訴えましたが、大使から明瞭な意見表明はなく、「停戦会談はすでに行なっている。ロシアの要求は明らかであって、それが満たされれ

ば、軍事行動は終わる」とのことでした。「それでは戦争をやめないということか」と伊東氏が重ねて停戦を要求すると、大使は「停戦会談は行なわれている。話がまとまってくると、ウクライナ代表団のスカートの端を踏む動きが出る」と暗にアメリカが停戦会談を妨害することをほのめかしました。

その後、国会議員会館で記者会見を行ないましたが、私たちの動きを取り上げてくれたのは日本テレビのデジタル版だけでした。そこで朝日新聞の投書欄「私の意見」に原稿を送りましたが、掲載を拒絶されました。理由はカシミール問題で喧嘩している中国とインドが一緒に停戦を呼びかけるというのは非現実的だという回答でした。中国は今年二月にウクライナの停戦を呼びかける一二項目の提案を出しています。これを見ると、捕虜の交換や戦争犯罪の追及などが漏れていますが、ひと通り考えるべき問題を網羅しています。議論の出発点としてはいいと思います。でも、ウクライナが「いくつか同意できない項目がある」として蹴飛ばしました。とはいえ、中国が仲介の役割を担おうとしたのは大きいことです。

中国は停戦を提案した以上、それを続けてやるなり、自分たちが何を考えているのかをもっとはっきり表明しなければならないと思います。その一方で、アメリカのブリンケン国務長官は、「中国のイニシアティヴを評価する」と言ったんです。ですからもっと中国はやるべきです。ロシア側に要求を突きつけて、ロシア側の反応を公表するというのも手です。繰り返しゼレンスキーを説得するとか、自分たちだけでダメならインドやアフリカ、ブラジルと一緒にやるとか、手段はあるはずです。

——四月二六日に中国の習近平国家主席はゼレンスキー氏と電話会談を行ないました。その内容はほとんど表に出ていませんね？

中国は中立の立場を強調しただけでしょう。ただ中国としては早く停戦に持ち込みたいと考えているのではないかと思います。戦争が拡大し、東アジアに拡大するようなことになったら大変ですから。中国に停戦の仲介をさせるということは、中国が台湾に対して行動を起こさないようにすることにもなるのです。中国がウクライナの平和のために動けば、東アジアで事を起こすことはできにくくなるのではないかと思います。さらに中国がインドと一緒に停戦を呼びかけることができれば、中国とインドがカシミール問題で戦争するのを止められるのではないかという思いもあります。

それから、中国とインドに対して「停戦を仲介しろ」と言う以上、日本人ですから日本の政府に対して停戦の仲介を要求することは当然の義務だと思いました。日本はそれまで安倍晋三元首相がプーチン大統領と長い間、良好な関係を作って領土問題の交渉をしてきたわけですから、当然ながら安倍氏はプーチン氏に「ウクライナ戦争をやめてくれ」と言うべきだったと思います。

過去において日本とロシアは四回も戦争をしてきました。日露戦争、シベリア戦争（出兵）、ノモンハン戦争、日ソ戦争（一九四五年）の四回です。日本はロシアとの戦争の経験を積んできている国なんです。しかも日本政府には北方領土の帰属問題を解決して平和条約を結ぶという基本方針があります。それだけにウクライナ戦争について停戦の仲介をする資格は十分あるでしょう。それをやったらどうかというのが私たちの提案です。

それに日本はウクライナ寄りですから、ウクライナに対して発言権を持っています。日本が中国とインドに働きかけて、一緒に停戦の仲介に動くのがベストの形だと考えました。だが、「憂慮する日本の歴史家の会」の訴えを出した後、外務省のロシア課長と面会しましたが、「一体どうして中国に停戦の仲介を呼びかけるのか」と質問されました。米中対立を背景にアメリカの意向を気にしているのでしょうか。

学者の中にも「中国に停戦の仲介を申し込むのはおかしい」という意見もありました。「中国という人権を抑圧する国に停戦の呼びかけを依頼するというのはおかしい」と言った教授もいました。インド専門家の人たちにも私たちの声明に加わってもらいたいという話もしましたが、「考えられない」と言われました。「中国がインドと一緒にそんなことをするなんてまだ考えられない」ということでした。カシミール問題で衝突しているというのがその理由でした。

とにかく考えられないことはないわけです。実際、中国は自分で行動したのですから、おずおずとではあっても。だからもっと励ましてやらせることが大切だと思います。長い目で人類の将来を見れば、アメリカなんか弱体化していくわけで、そのうち中国とインドの世界になるんです。中国とインドがこれから世界を牛耳って、二大強国になるんです。だから中国とインドが一緒に仲介することに意味があるのです。

安倍元首相の考えとして「自由で開かれたインド太平洋」というスローガンがありました。これによって南側から中国に対抗しようというわけです。それをアメリカが受け入れて、アメリカの路線にもなっている。つまり、アメリカはインドと日本で中国に対抗させようと考えているように見えます。そうではなくて、インドと中国で「停戦」の仲介をさせようというのが私たちの考えです。どっちがまともな提案なのかは明らかでしょう。

G7広島サミットと「停戦」声明

――今年五月に先進国首脳会議（G7サミット）が広島で開催されました。

G7広島サミットの中心課題はウクライナ問題でした。「ウクライナ戦争支援国」と「准参戦国」日本が参加する会議ですから、ウクライナ戦争をヨーロッパから東アジアに拡大し、世界戦争にするための準備の会議ではないかと考えたわけです。私は二月ごろから伊勢﨑賢治さんらと話し合い、G7広島サミットに集まる首脳たちに訴える日本市民の宣言を出すことにしました。宣言は私が起草したものを伊勢﨑さんが修正し、三月に発起人となる人たちの署名を集めました。

この宣言では、ロシアの侵攻とウクライナ国民の抵抗戦として始まったウクライナ戦争が今や欧米諸国が兵器や武器を供与してウクライナ人に戦争を続けさせる欧米の「代理戦争」に変わってきていると指摘しました。開戦一年を経た戦争の実相を表現するのに、「代理戦争」という言葉を採用しました。そのほか宣言では、ウクライナ戦争の拡大に反対し、東北アジアでの安保防衛体制の強化の名の下の戦争誘発に日本の市民は従わないということを明記しました。日本政府にその政策を改めさせることはできなくても、戦争をしないという前提に立つ日本国憲法を擁護する国民の中に政府の方針に強く反対している者がいることを首脳たちに伝えようと思ったからです。

日本の平和運動に一石を投じるつもりでした。それで、広島に来るG7の首脳たちに私たちの意見を伝えようと、新聞に意見広告を載せることにしました。資金はクラウドファンディングで集め、「Ceasefire Now! 今こそ停戦を」と大きく書かれた意見広告が、五月一三日に東京新聞に、広島サミットが開幕した五月一九日にはジャパン・タイムズ紙に掲載されました（写真）。タイムズ紙はサミット会場やサミット報道センターでも配布され、外国人記者らが意見広告が載ったページを広げて読んでいる写真を見ました。タイムズ紙はサミットに参加した首脳たちにも配られましたが、サミット会場では何の反応もありませんでした。

asia

India struggles to eradicate an old scourge: witch hunting

Accusations are often simply a tool aimed at suppressing women

Dear G7 Leaders,

Japanese Citizens for Ceasefire Now in Ukraine

Declaration of Japanese citizens to the G7 Leaders gathered at Hiroshima in May 2023

'Ceasefire Now in Ukraine' and 'No War in Our Region'

The Japan Times PAGE: 7

ところが、広島サミットに参加したアフリカ連合（AU）(2)総会議長であるコモロ国のアザリ・アスマニ大統領が帰国後、南アフリカ共和国のシリル・ラマポーザ大統領らと話し合って、アフリカ連合で停戦の提案をまとめてウクライナとロシアに申し入れしたんです。コモロ国は日本に大使館がありません。おそらく、大統領は広島でジャパン・タイムズ紙の意見広告を読んだのでしょう。アスマニ氏は広島に来て原爆ドームを見てこの広告を読んだ。これが広島サミットに参加した首脳の唯一の反応でしたが、私はとても大きなことだったのではないかと思ってます。アフリカ連合の総会議長のイニシアティヴは大したものです。賞賛されるべきことだと思います。

欧米で消される「ウクライナ停戦」を求める声

――アメリカでも共和党内部でウクライナ支援をやめろという人が増えています。バイデン大統領はウクライナ支援の予算が議会を通らなかったので、イスラエル支援の予算と抱き合わせにしようとしましたが、失敗しました。

今の状況でいうと、共和党の大統領候補になると目されるトランプ氏は自分が当選したらウクライナ戦争をすぐにやめると言ってるわけです。ただ共和党の立場がある。共和党も完全にイスラエル支持ですから、むしろハマスにいかんということでいえば共和党と連帯することができる。だから、それにウクライナのほうもくっつけてやろうというのがバイデン氏の選択です。バイデン氏は世界戦争になるぎりぎりまではロシアを弱めるためにウクライナ戦争を拡大していく方針です。同時にイスラエルのガザ侵攻も認めています。

共和党もイスラエル支援に関しては大賛成ですが、ウクライナ支援のほうは否定的な人が増えています。ウクライナより国内問題に目を向けろということです。

アメリカはこのところ国論が真っ二つに割れ、国家として危機的な状況にあると思います。そこでパレスチナ連帯を求める大きなデモがニューヨークやワシントンで起きています。イスラエルを批判するユダヤ系のデモ隊が国会議事堂に乱入し、三〇〇人が逮捕されました。「どの戦争も嫌だ、やめろ」と戦争拡大をなんとか食い止めたいと考える一般市民がアメリカで増えているのです。ウクライナの戦争を止めて、パレスチナの紛争も止めようと。しかも、武力ではなく、話し合いによって解決を図るということです。基本的に私たちの主張と同じで、ウクライナ戦争に関する停戦交渉を再開せよということです。

――日本でもパレスチ連帯や反イスラエルのデモや集会は盛んに開かれていますが、ウクライナ「停戦」を求める市民の運動はほとんど起きていませんでした。反対に、左翼やリベラル系の市民に「ロシア軍を追い払うまでウクライナの戦いを支援しよう」という声が強いようです。護憲派の人の中にもウクライナに関して「戦争反対」や「停戦」を口にするのは「ロシアを利するだけだ」と本気で言いたてる人がいます。パレスチナ紛争と違ってウクライナ戦争のことになると、なんで皆こんなに好戦的になるのでしょうか？

私たちの「停戦」を求める訴えも大手のメディアからはほとんど無視されてきました。ヨーロッパでもウクライナの停戦を求める運動というのは、たとえばドイツでは左翼党(リンケ)くらいしかやってません。社民党も緑の党もウクライナ支援を続ける政権与党ですから。特に緑の党はロシア嫌いの親米です。欧州左翼の中でも最も左のリンケがウクライナ「停戦」を言っているので、ウクライナの大臣やドイツ駐在大使はリンケをものすごい勢いで攻撃しています。ウクライナにとって欧州は命綱ですからね。欧米が援助してくれなければウクライナは終わりです。「ウクライナ支援をやめろ」と言っている左翼を必死で抑えようとしているわけです。欧州ではウクライナの人たちや政府の人たちが先頭に立って支援に反対する人たちを抑えようとしています。

そのドイツでも昨年四月にウクライナ戦争についての市民や知識人の公開書簡が出ました。その中には緑の党の長老も入っていました。その声明は、ドイツ政府、欧州連合(EU)、NATOはウクライナに武器を提供するのではなく、停戦協議の機会を作り出せという内容でした。ヨーロッパでの平和論の基本路線を打ち出したものです。にもかかわらず大きな運動にはなっていません。

何よりウクライナはNATOやEUに入ったも同然ですよ。これだけ欧州が結束して一体となって「侵略者を許すな」と言っているのは、第二次世界大戦の開戦時のようです。

欧州の態度が妥当であり正当なものであるのかということが問われている状況でしょうね。「戦争をやめろ」という人は皆、「ロシアの手先になっている」とみなされているわけです。アメリカでも、パレスチナ連帯は空前の運動になっています。だけどウクライナの問題については全くそうではありません。ウクライナ戦争について反対の運動をしている人たちは、日本と同じようにアメリカでも孤立しています。

アメリカでも事態を変えたいという動きはありました。アメリカ史上最年少（二八歳）で下院議員選挙に当選したプエルトリコ出身の民主社会主義者の女性アレクサンドリア・オカシオ＝コルテス氏を中心に民主党下院議員三〇人が昨年一〇月、ウクライナ軍事援助とともに、「交渉による解決と停戦」を外交的に求める努力をせよという意見書をバイデン大統領に提出しています。ただし、ホワイトハウスから強い説得があったのでしょう。この意見書は即日撤回されました。腰砕けですね。

カリフォルニアの女性平和団体コード・ピンクが「プーチン氏もゼレンスキー氏も戦争をやめろ」という声明を出し、新聞に意見広告を出そうと資金を集めていました。ベトナム戦争に関する米国防総省の機密文書「ペンタゴン・ペーパーズ」を暴露したダニエル・エルズバークも加わりましたが、お金が集まらなかったのか、いまだに意見広告が掲載されたと聞いていません。こちらも腰砕けになっています。私たちはなんとか意見広告を新聞に掲載できましたが、ひょっとしたら日本よりアメリカのほうがウクライナの停戦を求める運動に対する圧力が厳しいのかもしれません。

政権内部での意見対立が表面化したウクライナ

——今年六月に始まったウクライナの反転攻勢が失敗に終わったと、十月に入ってからル・モンド紙などが報道しています。一一月にはウクライナ軍のザルジニー総司令官が「戦況の膠着」を認めましたし、アレストヴィッチ元大統領府顧問が「戦争をやめて、残る八〇%の領土でNATOに入ればいい」と発言しています。政権内部の不協和音が顕著になっています。いよいよ停戦交渉の兆しが浮上してきたのでは?

ウクライナの政権内部でさまざまな意見対立が出てきたようです。ロシアもそろそろ戦争をやめたがっているというのが私の見方ですが、ロシア側も一度始めた戦争をやめるとはなかなか言えない状況だと思います。ロシアのプーチン大統領は昨年九月三〇日にクレムリンで行なった演説で、ドネツク、ルガンスクというウクライナ東部の二つの人民共和国と、ザポリージャ、ヘルソンの南ウクライナの二州をロシアに併合したと宣言しました。

当時、ロシアはドネツク州の半分しか押さえていなかった。半分しか押さえていないところを全部併合したと言っている。プーチン氏は住民投票が行なわれたと言っていますが、投票に参加した住民の数や賛成・反対の比率などは発表されていませんし、四つの地域の領域も明確に示していません。この宣言は併合希望目標を提示したものであり、非常に宣伝的で政治的な発言です。

私はこの宣言が今回のロシアの「特殊軍事行動」の目的であり、停戦協議が始まればロシア側が主張する領土要求を事前に提起したものではないかと考えています。逆に言えば、この四つの地域を併合するということが自分たちの最大限の要求であり、これ以上は何も求めないということを表明しているんです。それを認めたら停戦に応じる、ということは、自分たちの戦争の最大目標というものをこの宣言で明らかにしたんです。つまりロシアは自分たちのほうから戦争をやめる条件を出したわけです。だからロシアも戦争をやめたがっているのではないかと思います。

でも、プーチン氏は自分たちが先に停戦協議をやりたいと言い出すことは、自分たちの戦争がうまく行っていないということを示すことになるから、国内体制を考えると言えないわけです。ウクライナの側から停戦を言ってくるべきだという考えです。ウクライナのほうは欧米から援助をもらっていますから、とにかくロシア軍を全部追い出して戦争が始まる前の状態に戻すまで戦い続け、それから戦争犯罪裁判をやって処罰してロシアから賠償金を取ることを目標に掲げて戦争をしているわけです。戦争を続ける限りゼレンスキー氏の地位は強固になりますし、国民が団結しているように見えるわけです。戦争はやめられないわけです。

――政権内部の意見対立は今後の停戦に向けた動きにどのような影響を与えそうですか？

問題はアメリカと欧州がどこまで援助するかということです。アメリカと欧州はいろいろ言っていて、クリミアまで取るのは無理だという意見も出ています。それに対して、ウクライナ側は何を言ってるんだ、あなた方のために戦っているんだと、そういうふうに言い出しています。われわれは世界のために戦っているんだ、われわれが戦争をやめたらロシアの侵略は世界に拡大して世界戦争になってしまうんだ、そう言って頑張っているのだと。つまり弱者が自分たちを支援している人たちを脅迫している感じになっています。

それだけウクライナも切羽詰まっているんです。ここで欧米からの援助を止められたら終わりになりますから。だから最初の約束を必ず守れとゼレンスキー氏に脅されているようなものです。ですからバイデン氏も明らかに困っています。キエフに何度も行って「アメリカは最後まで応援する」と言っていますが、「なんとかこのへんで見切りをつけたい」と思っているのではないかと思います。昔なら、アメリカは支援していた政権を邪魔になったからとクーデタで倒して、停戦に応じる新しい政権を擁立するということをやってきました。アメリカの常套手段です。

朝鮮戦争でも戦争を継続しようとした李承晩政権をクーデタで倒そうとしましたが、その前に李承晩が停戦に応じたのでクーデタ計画は取りやめになりました。でも、さすがに現代ではそういうやり方はできないでしょう。たとえばウクライナにはメディアを含めて世界中の目が集まっています。そこでクーデタを起こすことは難しいでしょう。だからバイデン氏も来年の大統領選挙を前にウクライナ支援をめぐって右往左往しています。もちろん、パレスチナのほうでもイスラエル相手に右往左往しています。

戦争を止めるというのは世界の市民の意見、声です。世界中で市民の声が高まらないとウクライナは戦争をやめられないでしょう。停戦を求める運動が高まるということが重要です。世界でもグローバルサウスの諸国やアフリカ連合、ＡＳＥＡＮ諸国が停戦すべきだと声を上げています。でも世界の平和運動はそうではありません。一〇月にパレスチナの問題が起きたら、世界の運動の主流はパレスチナに関して「即時停戦」を言い出しました。イスラエルのガザ攻撃を「やめろ」というんだったら、ウクライナ戦争も「もうやめろ」と言うべきでしょう。ウクライナの戦争は「応援するから続けろ」と言って、パレスチナのほうは「やめろ」と言うのはおかしなことです。

「世界戦争が内戦に転化する」状況に陥っているアメリカ

――中国やASEAN、グローバルサウスの台頭でアメリカの一極支配に翳りが見えてきましたね？

アメリカの一極支配というのはソ連が崩壊した後のことですね。世界中でアメリカの単独支配というものが確立しましたから、たとえば今の若い学者は皆、アメリカに留学したり、アメリカ支配の世界で生きてきました。だからほかの世界のことを考えることができません。ところが、「アメリカ・ファースト」を唱えるトランプ政権が誕生しましたし、アフガンでの二〇年戦争からアメリカは逃げてしまいました。アメリカは頼りにならない国であることが分かってきました。イラクにはまだアメリカ軍が駐留していますが、イラク政府はイランのほうになびいています。アメリカの神通力が失われているんです。

問題はアメリカの国内世論が真っ二つに分かれていることです。最近、『アメリカは内戦に向かうのか』（東洋経済新報社、バーバラ・F・ウォルター著、井坂康志訳）という本が出ました。二〇二一年一月に米連邦議会襲撃事件があり、アメリカ社会の分断が明らかになりました。筆者はトランプ氏の大統領選挙再出馬が二度目の南北戦争を招くのではないかと指摘しています。今後、アメリカという国がどうなっていくのか分かりません。アメリカ国家というものが非常に動揺しているということです。

アメリカは世界の中で平和的に協調的に生きていく方向へ政策的に転換しなければならないでしょう。トランプ氏の言っていることもすべて悪いことではないんですけど、やってることが非常にアグレッシヴですから問題です。このままではアメリカで内戦が起こってしまうかもしれない。ロシア革命のレーニンは「帝国主義戦争を内戦に転化せよ」と言いましたが、アメリカはまさに「世界戦争が内戦に転化する」状況に陥っているのではないか。今後、アメリカは白人と黒人とヒスパニック系の三つに分裂するという展望も考えられます。本当にアメリカは難しい状況です。すぐ軍事力に頼るのではなく、もっと穏やかに話し合いで問題解決する方向へアメリカを説得し、世界の問題も国内問題もうまく解決していくように助けることが世界の平和のために重要なのではないかと思います。

一方、中国だって同じように国内的に大きな問題を抱えています。中国も、もう少し落ち着いて、穏やかな気持ちで話し合いによって問題解決していくようにならなければいけない。ロシアもこれだけ戦争をしてしまいましたから、プーチン大統領も終わりでしょう。確かに支持率は上がっているように見えますが、実態はどうか。強い権力基盤に支えられたプーチン体制を作り、「ロシアを救う」と言って戦争までやってしまいました。

結局、何はともあれ、ロシアにとって重要なウクライナを失ってしまったわけです。ウクライナはこの戦争が終わったらＮＡＴＯに入るでしょう。そうするとロシアの真正面にＮＡＴＯがやって来る状況になります。これから百年はこの状況に耐えなければなりません。ウクライナは国外に行った人たちも戦争が終われば戻ってきます。国外へ逃げていったのは女性や子どもたちで、男性の多くは兵士としてウクライナに留まっていました。戦争が終わればウクライナから逃げた人たちはきっと戻りますよ。だってウクライナ人が国外でうまく生きられるとは限りません。

――この戦争でロシアはクリミア半島へ抜けるウクライナの東と南の回廊を確保したかったのでは？

東部から南部の回廊を抑えたいという気持ちは強いし、クリミアを取ることは不可欠です。問題はクリミアの北ですね。そこの所は取りたいでしょうが、ドニエプル川の所までウクライナが巻き返しています。ザポリージャには原発の問題がありますし、ロシアとしてもそこを抑えつづけるのはなかなか難しいですよ。ドネツクだって半分しか取れてないんですから。場合によってはドネツクをすべて取れば、南のほうはあきらめるかもしれません。その代わりクリミアは保証しろということに話がつけばですが。停戦交渉が始まれ

ば、そういう話をしていかなければ整理がつかないでしょう。まだまだ妥協の余地はあると思いますよ。

――アメリカは黒海の制海権がありますからクリミアをロシアに取られたくないのでは？

初めはそう思っていたでしょうが、もう今やクリミアは取り返すのは無理だということになっている。クリミアはロシアが取っても仕方がないという感じになっていると思いますよ。黒海の制海権は大きいですが、仕方がないでしょう。この戦争をやった結果、こういう状況になりましたからね。クリミアをウクライナが取るということになったら、へたをすると米ロ戦争になりますからね。それはアメリカも分かっていると思います。

本当はロシアは黒海に面したウクライナ南部の

港湾都市オデッサが欲しいんです。オデッサはロシアが作った都市ですから。だからこれが取りたいけども、しかしオデッサを取るということは放棄してますよね。いや、まだロシアはオデッサを放棄していないと、オデッサまで取る気なんだと言う人もいます。もし、ウクライナが今の戦争をやめなければ、ロシアはオデッサまで取りに来ると言うんです。私はそれはないんじゃないかと思います。オデッサを取るとウクライナは港がなくなる。ウクライナから穀物輸出ができなくなる。ウクライナを内陸化したいというのがロシアの願いかもしれませんが、それでは対立がより厳しくなってしまうでしょう。

戦争が終われば、ウクライナは西側陣営に入ることになります。最早、それを変えることはできないでしょう。ウクライナの安全保障はまるごとNATOによって支えられることになります。ウクライナがNATOに入った場合、もしロシアが軍事介入すればNATOとロシアの戦争になってしまいます。それはさすがにロシアもできないわけです。今後、ロシアはアジアや中国と生きていくということになるでしょう。インドや他国が中立的な立場を守ってくれれば、ロシアにとってプラスになります。

――北欧もバルト三国もロシアに対して好戦的になってしまいました。

おかしな話です。ロシアは「北」の国々と戦争する気はないんです。「北」は寒いですからね。ロシアには寒い所はたくさんあるんですから、「南」のほうが大事なんです。クリミアはかつて皇帝の保養地でした。今でもロシア国民の保養地です。チェーホフだってそこで『桜の園』を書いたんだから。そういう所をロシアとしては失うわけにはいかない。

――ウクライナはロシアの心の故郷といわれます。もともとロシア人の発祥地です。本当はウクライナを失いたくなかったのでは？

もちろんそうです。ソ連の解体で一五の共和国がロシアから分かれて、独立しました。中でもロシアにとって最大の打撃はウクライナの独立でした。ウクライナの面積は六〇万三七〇〇平方キロメートルもあり、ソ連時代の面積の一三パーセントを失ったわけですから。何より、ロシアという国の起こりは「キエフ・ルーシ」(3)だというのが定説です。東大の大学院生時代に私のゼミにいた中井和夫氏（東大名誉教授）は『ウクライナのナショナリズム――独立のディレンマ』（東京大学出版会）の中で「ウクライナなくしてロシアは成立しなかったのである。ロシアにとってウクライナは血のつながった弟以上のものであり、ロシアそのものの一部を構成していたのである。したがってこれが切り離されるということにロシアは文字通り身を引き裂かれるようなアイデンティティの危機を感じたのである」と書いています。

プーチン氏はクリミアとウクライナにこだわり、「ロシアとウクライナはもともと同じ国だった」と考えたとしてもありえることです。でも、これだけ戦争をしてしまった以上、もうどうしようもないですよ。ウクライナはこれだけヨーロッパの助けを借りて、そしてアメリカの助けを借りて戦争してきたんですから、もう元には戻れません。これから百年はダメでしょう。ウクライナと話し合いでクリミアをよこせと交渉していれば話は別だったんですが、戦争をしてしまった以上、それはダメです。

――バイデン政権ができてウクライナ危機が一気にエスカレートしましたね？

それはそうですけど、もともとはオバマ政権のときからでしょう。当時の副大統領はバイデン氏です。その時代にマイダン革命が起こりました。そのときからの問題ですから。もっと根本的な問題は、一九九一年にソ連が崩壊してウクライナが独立を宣言したことです。ウクライナが独立するということに、ロシア政府はいつの時代も反対してきたんです。

一九八五年、ゴルバチョフがソ連共産党書記長に就任し、一九八七年からペレストロイカ(4)を開始します。一九九一年に反動クーデタが起こり、ゴルバチョフは黒海沿岸のフォロスに幽閉されますが、ロシア市民による革命が起こり、エリツィンが勝利してゴルバチョフは解放され、ソ連共産党は活動停止命令を受けます。この時点でウクライナが独立を宣言します。エリツィンは最初はウクライナの独立に反対し、連邦から分離独立するならドンバスとクリミアの名を挙げて、国境の見直しを迫っていましたが、独立宣言が出たときは何も言いませんでした。

結局、エリツィンはウクライナとベラルーシの首脳と会談し、ソ連終結宣言を発しますが、ウクライナ現代史研究者の松里公孝氏（東大法学部教授）の意見によると、エリツィンは新しくできた独立国家連合の盟主、大統領のようなものになりたかったというのです。それでウクライナの機嫌を取ろうとして独立に反対しなかった。ソ連邦が解体するということは各国が独立するということです。そこは混乱のうちに起きてしまった。協議なき離婚です。無責任な男ですよ、エリツィンは。その後、どのような体制を作るかについてはまったく考えていませんでした。

エリツィンが投げ出したロシアを救ったのがプーチン氏です。プーチン氏は強力な権力体制を作ってそれをやりました。ウクライナ独立に不満をもっていたとしても何もできません。しかし、二〇一四年にマイダン革命が起こり、クリミアが独立したわけです。プーチン氏が望んだのではなく、クリミアがウクライナから独立したかったからです。プーチン氏がクリミアの併合を承認したら、ロシア国内でプーチン氏の支持が九割を超えました。このクリミアの成功に味をしめたプーチン氏は自分の権力の永続化を図るために、ドンバス地方についても同じことをやろうと思ったのではないでしょうか。

――ドンバスはロシア語話者が七、八割を占めていますから、その人たちを助けるという「集団的自衛権」の建て付けができたのでしょうか？

それはほとんどロシア側の屁理屈ですよ。ドンバスの人たちもマイダン革命後に独立したくてウクライナ政府と戦争になりました。それでロシアに入りたいと思うようになったんです。プーチン氏にとってドンバスの人たちにそう言われても、当初は、戦争をやるかどうかは大きな選択でした。「集団的自衛権」は後付けの理屈で、ドンバスの独立を助けたらプーチン自身の人気が高まるんじゃないかと思って戦争を始めたということでしょう。

東北アジアでの平和構築も視野に統一行動を！

――ウクライナ政府はロシア語を公用語から外して、ロシア語話者を抑圧してきました。さらにウクライナ軍が独立を阻止するためドンバスに入って内戦が始まった？

そのへんについては、松里氏が『ウクライナ動乱』（ちくま新書）という本の中で詳しく書いています。ただ、ヴィクトリア・ヌーランド国務次官補（当時、現在は国務次官）

や米中央情報局（ＣＩＡ）の工作とかアメリカの政策については、この本は全然触れていません。そうした工作があったことは間違いないでしょう。クリミア半島にあるセバストポリ軍港は一九九七年からロシアが有限租借していましたが、二〇一〇年に当選したヤヌコヴィッチ大統領がこの租借権を二〇四二年まで延長したことにオバマ大統領が腹を立て、マイダン革命を導いたということは書いています。

――これから停戦に向けての動きは？

日本の平和運動にはベトナム戦争反対の伝統があります。共産党からべ平連、新左翼まで皆が一九六八年にはベトナム反戦をやりました。それ以降、イラク戦争などアメリカが起こした戦争についてもいろいろ運動はありました。「九条の会」のような憲法九条擁護の運動もあります。このように日本には平和運動の歴史と伝統があります。今こそ、こうした平和運動の伝統を生かしてウクライナ戦争をやめるよう声を上げていかなければ東北アジアでの戦争の危機を防ぐことはできません。だけどそれが十分できていないんです。それが大きな問題です。

私としては日本の平和運動全体が一致団結してウクライナ戦争の停戦を求め、ウクライナ戦争の拡大阻止を訴える必要があると思います。さらに今度はパレスチナの戦争も拡大させないように、さらには戦争が東北アジア地域に拡大しないように大きな声を上げることが大切です。そのためには、東アジアの平和にとって大きなマイナスとなる日本の軍備拡張にも反対する必要があります。

　とにかく、ロシアとウクライナは即時停戦し、停戦交渉を再開しなければなりません。ウクライナ国内になると思いますが、どこかに軍事境界線を引くことに両国が合意する必要があります。その後で国際会議を開き、軍事境界線を若干でもウクライナ有利に修正させなければなりません。戦争犯罪の追及も、ウクライナ復興へのロシアの寄与も両国にのませなければなりません。

　現在、私たちは、ウクライナ戦争とパレスチナ戦争の即時停戦、それに東北アジアでの平和構築という三つのスローガンを掲げて統一行動を呼びかけています。運動全体が声を上げて、それが世界に影響を与え、世界の運動も大きな声を上げていくように運動を盛り上げたいと思います。世界の運動は今、パレスチナの運動で盛り上がっています。パレスチナとウクライナの「即時停戦」を実現するには、両者を訴える運動を一つにして盛り上げることで、日本の平和運動が国内外に発信していくことが非常に重要です。

(1)二〇一三年一一月、ヴィクトル・ヤヌコヴィッチ大統領が欧州連合（EU）との連合協定の署名を拒否したことから、キエフの独立広場（マイダン広場）で大規模な反政府デモが始まった。その後、極右政党「スヴォボダ（自由）」の支持者や極右団体「ライトセクター」のメンバーが武装し、「マイダン自衛」と称して広場に乱入、二〇一四年二月、治安部隊との激しい銃撃戦に発展。ヤヌコヴィッチ大統領はロシアに亡命し、親EU派の政権が発足した。米国はロシアに打撃を与えるため、ヴィクトリア・ヌーランド国務次官補（現在は国務次官）とCIAが、第二次世界大戦中にナチス・ドイツを支持したステパン・バンデラを崇拝するライトセクターを資金援助するなど、政権交代の裏工作をはかったとされる。

(2)アフリカ五五カ国・地域が加盟する世界最大の地域機関。アフリカのより高度な政治的・経済的統合と紛争の予防・解決に向けて二〇〇二年七月に解散したアフリカ統一機構（OAU）を発展的に改組して発足した。本部はエチオピアのアディスアベバ。コモロのアスマニ大統領は二一代目の総会議長。

(3)キエフ公国。九世紀後半から一三世紀半ばまで、キエフを中心にドニプロ川沿岸に存在した東スラブ民族の国家。一〇世紀、キエフ大公ウラジーミルはギリシャ正教とビザンツ文化を受容し、ロシア文化の基盤となるが、一三世紀にモンゴル遠征軍に滅ぼされた。現在のロシア、ウクライナ、ベラルーシの「民族の起源」といわれる。

(4)一九八六年から始まった、ソ連のミハイル・ゴルバチョフ政権が進めた多方面の改革を総称した言葉で「立て直し」を意味する。社会主義経済の停滞を打破するため、市場経済の導入を柱とした経済改革を打ち出し、情報公開（グラスノスチ）や歴史の見直しなど全面的な改革を開始。しかし、市場経済の導入による混乱で物価高や物不足が進行し、民衆の不満が高まり、ペレストロイカ経済は失敗。ソ連共産党の消滅とソ連邦崩壊という急激な変化に繋がった。

ウクライナ戦争、ガザ戦争。そして日本

伊勢崎賢治

いせざき・けんじ／東京外国語大学名誉教授。二〇〇〇年に国連平和維持活動NPOで東ティモール暫定行政府の県知事に就任。〇一年に国連職員としてシエラレオネ、〇三年に日本政府特別代表としてアフガニスタンで武装解除のミッションを担当した。著書に『武装解除　紛争屋が見た世界』（講談社新書）、『非戦の安全保障論　ウクライナ戦争以後の日本の戦略』（共著、集英社新書）など。

アフリカや東南アジアなど内戦が起きている紛争地に赴き、ゲリラや民兵組織、軍閥を武装解除し、「法と秩序」に基づく平和維持に貢献する〝紛争屋〟。国連職員や政府代表として危険なミッションに従事してきた伊勢崎さんは「停戦とはお互いが妥協することで成立する」とし、「一刻も早い停戦を実現することで一人でも多くの命を救うことが自分にとっての正義だ」と語る。一方、東アジアの平和は、日本がアメリカの防波堤となる「緩衝国家」であることを日本人が自覚することから始まると強調した。

「不処罰の文化」を理由に糾弾される「紛争屋」

——伊勢崎さんは大学で教鞭を取る前は、長年、国際NGOや国連職員などとして国際紛争の現場で開発援助や平和維持、武装解除といったプロジェクトを担当してきたことから「紛争屋」と言われているそうですね？

「紛争屋」というのは、僕らのような稼業の人たちが自虐的につけた名前です。英語で言うと「conflict freak」、まさに「紛争屋」ですよね。人の不幸で食い扶持を得る、そういう職業のことを自虐的に言ったんですね。ジャーナリストもその仲間に入ると思いますが、戦争の「悲しい共犯者」です。それが日本のメディアで取り上げられてから「紛争解決請負人」とかに変わったんです。

紛争屋にも正義があるとしたら、僕の場合は「人権」です。戦後間もなく締結された世界人権宣言のそれ。地球上で生を得たすべての人間は同等の人権を持つ。第二次大戦で敵味方双方が何百万人も死んだ直後に宣言された人権です。自国民だけの人権が大切だなんて極右やネトウヨでも言えます。敵国の民の人権を同等と考えるのが世界人権宣言の「人権」なのです。

その人権という概念を遵守し、そして人権の侵害が起きた際に法の支配に委ねることが「正義」だとしたら、それと「平和」は必ずしも両立しない。これが紛争屋の現場です。目の前で人権が侵害されたら、その犯人に正義の鉄槌を喰らわせたいと、誰でも思いますよね。ところが、僕ら紛争屋は、正義をいったん脇に置かなければならない。だって「オマエらがやってきたことを絶対許さないぞ」という顔で戦っている双方に接したら、銃を置いてくれるわけないでしょう。とにかく「撃ち方やめ」。つまり戦争の決着ではなく「停戦」を説得する。そして、説得の末に実現した停戦をできるだけ長引かせる。その中で、頃合いをみて正義を一つひとつ実現してゆく。多くの場合、国連が主導する、戦争犯罪や領土問題の裁定です。場合によっては、殺し合っていた双方に連立政権を組ませることまでやります。こういう営みを「移行期正義 transitional justice」と言います。

もちろん、交渉を「妥協」と捉え、あくまでも軍事的勝利、もしくは抵抗という正義を言い募る強硬派は、双方の側にあり、停戦中に合意が破られて、戦闘状態に逆戻りし、中立であるはずの僕たちを標的にしてくる場合さえあります。僕のかつての部下や同僚を含めて、国連要員の殉職者は後を断ちません。でも、それしかない。なぜなら、永久に続く戦争は存在しないし、一方の完全勝利がなければ、戦争はいつか必ず停戦もしくは休戦を迎える。朝鮮半島のように休戦が半永久化することもある。でも、大規模な戦闘と破壊は抑えられている。だから、広島・長崎への核兵器投下のような結末になる前に、一日でも早い停戦を。ただそれだけ。でも、これが紛争屋にとっての正義なのです。

戦争犯罪について、例をとって考えてみましょう。二〇二二年二月二四日に開戦したウクライナ戦争は、米NATOに支援されたウクライナとロシアの国家間の紛争ですが、二〇一四年のロシアのクリミア侵攻を契機に続いていた「ドンバス戦争」の延長線上にあります。ロシアに支援されていたとはいえウクライナ内で「民族自決権」を求め蜂起した反政府武装組織と、ウクライナ政府との内戦ですね。

それが内戦であろうと、侵略に対する「専守防衛」であろうと、被侵略者にも、〝侵略者と同等に〟、戦争犯罪を戒める「戦争のルール」を守る義務が生まれます。被侵略者だからといって免責される戦争犯罪はありません。この「戦争のルール」は、人類が戦争における非人道性を一つひとつ排除しようと試行錯誤してきた歴史であり、それが「国際人道法」と称されるゆえんです。

ウクライナ戦争が始まってから二カ月後の二〇二二年四月、首都キーウ（キエフ）近郊のブチャにおいて、ロシア軍が撤退した直後に数百人の市民の遺体が発見されたとの報道があり、世界に衝撃を与えました。明確な戦争犯罪として、国連をはじめとする国際社会は、迅速な調査の必要性を訴えました。

これと前後して、もう一つの事件が明るみに出ました。キーウ近郊で、今度はウクライナ軍とおぼしき兵が、拘束したロシア兵を射殺した映像が公開されたのです。国際メディアは即座に反応し、ウクライナを全面的に軍事支援している側のはずのＮＡＴＯの事務総長に詰め寄り「すべての戦争犯罪は厳粛に対処されなければならない」という言説を引き出しました。

ここで重要なのは、戦争犯罪を犯した国家にまずそれを裁く管轄権があるという原則です。つまり自らが犯した犯罪を自らの国内法廷で裁くという、法治国家としての責任です。反政府武装勢力の場合は、その組織の性格上、これが現実的でない場合が多いですが、ロシアやウクライナのように国家の場合は、自らの罪をそれぞれの国内法廷で立件することが求められます。

とはいっても、戦争の真っ最中の当時国では、自らの兵士を積極的に裁いて国民の戦意を削ぐようなことは、なかなか叶わないでしょうから、ほとんどの場合、戦争犯罪の起訴は、国際社会の糾弾の声に押されながら〝戦後〟のことになります。それでも当然、国益のために命を賭けた軍隊の名誉を汚すのか、というナショナリズムの声が沸き上がるでしょうから、自発的な訴追は不十分なものになりやすい。だからこそ、戦争犯罪を許さないという国際社会の粘り強い持続的な意思と表明は重要で、それが外交圧力となり、国際刑事裁判所による訴追や、国連決議による戦犯法廷の開設（たとえば旧ユーゴスラヴィア国際戦犯法廷）につながるのです。

　このように、戦争犯罪の裁定の現実は、時間のかかる険しい道のりです。だからこそ、正義の鉄槌を振り下ろしたいとはやる気持ちを冷静に制御し、さらなる戦争犯罪の発生を防ぎ、国際司法での立件のための証拠を風化させないために、一日でも早い停戦を実現することが重要なのです。

　一方で、停戦というのは、紛争の当事者にとっては「妥協」です。すべての戦争には勝利して得る目的があり、特に侵略された側の世論は被害意識で最大限に増幅されたナショナリズムが荒れ狂っているわけですから、「妥協は一歩も許さない」という強硬派政治勢力が、交渉の席に着くすべての指導者たちのバックにいるということを忘れるべきではありません。下手をすると彼らが後ろから刺される状況があり、紛争当事者の代表者を失うこと、さらには次に誰がそれを代表するかで新たな紛争構造が生まれるほど、停戦にとっての痛手はありません。だからこそ、しばしば交渉は完全な極秘の工夫を凝らして進めることがしばしばあるのです。

こういう実務を生業とする紛争屋は、皆に嫌われます。たとえば僕が関わった国連平和維持活動での停戦や武装解除の交渉は、「戦争犯罪者」と交渉することですから、〝人権派〟から常に冷たい目で見られます。〝国連の人権派〟からも、そうです。

大きく言って、国連は二つあります。安全保障理事会のある国連本部のニューヨーク。そして、国連人権理事会のあるジュネーヴ。ニューヨークが僕らの国連平和維持活動を統括するのですが、よく内部の会議などでジュネーヴの国連関係者と同席すると、「不処罰の文化」という言葉を投げつけられることがあります。つまり紛争屋の僕らは、罪が処罰されない文化をつくっていると。国連の仲間の中でもこうなのですから、正義と平和は、本来、矛盾するものだという達観が僕ら紛争屋には必要で、こういう〝人権派〟の正義や、紛争当事国のナショナリズムを刺激しないよう黙々と業務を現場で進めるのです。

――大学時代は建築科に在籍していたそうですが、武装解除や平和構築といった国際的なミッションに関わるようになったのはなぜですか？

大学院生時代にアジアの貧民街の建築美に魅せられ、ボンベイ大学に留学しました。その時、アジア最大といわれるスラム街に転がり込み、住民運動を組織する仕事をやったんです。インド政府に目をつけられ国外退去になったんですが、この活動から僕は説得術や交渉術を学んだようです。帰国後、イギリスに本部を置く国際NGOに応募し現地責任者ポストに採用され、一九八八年にアフリカ西部のシエラレオネに赴任しました。スタッフが二〇〇人以上いる現地事務所では、年間予算が数億円あり、診療所や病院、予防接種など医療ネットワークから、道路や橋、学校の建設、農業事業まで、政府がやるべき公共インフラ整備を丸抱えでやっていました。

事業の受益者のニーズにあった開発事業とは受益者自身が企画し実施するものでなければならないと考え、エンパワーメント（被援助者への権限移譲）によって人件費等の事業経費を大幅に削減し援助効率を上げるという、当時では革命的な手法を確立させました。シエラレオネの後、ケニア、エチオピアに転任し、アフリカ生活は都合一〇年間に及びます。シエラレオネでは一九九一年に内戦が勃発しますが、平時が戦時に移行する日常を経験し、国連関連組織、各国大使館が次々に国外退去する中、外国籍の者としては最後まで援助活動を維持しました。

停滞する「二国家共存」に向けた政治プロセス

アフリカでの活動を終え帰国した後は、笹川平和財団に主任研究員として採用され、パレスチナ側とイスラエル側NGO（非政府組織）の民間レベルでの協働をテーマに、一九九九年、パレスチナに派遣されました。Two-state solution（二国家共存）に向けた平和外交を率いていた、隣国ヨルダンのハッサン皇太子（当時）が設立した「Arab Thought Forum Jordan」というアラブ有数のシンクタンクがあり、それとの共同事業の立案が、僕に与えたれた任務でした。

当時は、「オスロ合意」⑴に基づき、イスラエル社会とパレスチナ社会の草の根レベルの相互協力がもてはやされ、双方のNGOによる共同事業に欧米からの援助資金が潤沢に注がれていた時代です。僕の事業とは、イスラエル側にも信頼が厚かったハッサン皇太子とイスラエルのペレス元首相の二人を共同議長にして、「エルサレム」の多重統治のモデルを提案するというものでした。ペレス氏はオスロ合意の立役者で、イスラエルのラビン首相、PLO（パレスチナ解放機構）のアラファト議長とともにノーベル平和賞を受賞しました。

多重統治というのは、一つの都市を二つの行政府が共同して統治することが可能かという考え方で、民族対立の主戦場になりながら施政の試行錯誤を繰り返してきた北アイルランドのベルファストなどが教訓を与えるテーマです。そういう事例をエルサレムに集めて、当時すでに倦怠感が漂っていた「二国家共存」の具体的なヴィジョンを政治的に明示しようとしました。いわゆる「セカンド・トラック」外交と呼ばれるものです。「ファースト・トラック」が政治レベルでの外交、「サード・トラック」がNGOなどによる草の根の民間外交で、その中間にあるのがこれです。主体は同じ民間ですが、政治的に影響力の大きな人物を使って直接、政権の意向に反映させる提言を行なうことを目的とした事業です。イスラエル側の政界に、いわゆる穏健派がまだ力を持っていた時代です。今となっては懐かしいですけどね。

伊勢﨑氏と握手するシモン・ペレス氏(1999年、中東で＝本人提供)

現在はもっとひどいことになっているでしょうが、当時のエルサレムは街角に自動小銃を持った若者がたむろしており、パレスチナ側のNGOに案内された我々のような外国人が通り過ぎると威嚇してくるような状態でした。そんな中、ペレス氏が僕に「とにかくガザを見てみなさい。いい人をつけるから」とニヤッと笑って紹介してくれたのが、エルサレムのエフード・オルメルト市長の妻アリザ・オルメルトさんでした。オルメルト市長は極右リクード党員で、のちにイスラエル首相になった人です。

アリザさんはアーティストで写真家でもあり、市長と違ってリベラル左派の政治思想の持ち主でした。共存の熱烈な支持者で、素晴らしい方でした。そのアリザさんとお忍びでガザに入りました。アリザさんにとってもガザ訪問は初めてのことで、検問所のイスラエル兵たちのびっくりした顔が忘れられません。ガザで開かれたパレスチナ自治政府幹部との会議にも同席してくれ、僕の事業に必要な信頼醸成にひと役買ってくれました。

ところが、その事業が軌道に乗り出した二〇〇〇年九月、リクードのアリエル・シャロン党首が、イスラーム教徒にとって三番目に重要な聖地「ハラーム・アッシャリーフ（高貴な聖域）」にある「アル・アクサ・モスク」に一〇〇〇人の治安部隊を引き連れて強行入場したのです。そして「エルサレムはすべてイスラエルのものだ」と宣言。これをきっかけに「アル・アクサ・インティファーダ」、すなわち「第二次インティファーダ」が始まり、オスロ合意は事実上崩壊しました。

そもそも、一九九五年にラビン首相が右翼青年に暗殺されたこともあり、二国家共存に向けた政治的プロセスは停滞していました。パレスチナ自治区のヨルダン川西岸では、相変わらずイスラエル人による入植が進み、銃とブルドーザーによってパレスチナ人の土地収奪が加速していました。その結果、パレスチナ側に「オスロ疲れ」が広がり、イスラエル国内の世論は徐々に右傾化の流れを強めていました。それに拍車をかけたのがシャロン氏のモスク強行入場と、それによって始まった第二次インティファーダです。これで僕の共同事業は吹っ飛んでしまいました。失意のドン底です。

そんなとき、外務省国連政策課から一本の電話がかかってきたのです。東ティモールにおける国連平和維持活動の幹部ポストに就いてほしいという誘いでした。

冷戦時代からインドネシアからの分離独立運動をやり遂げ、東ティモールは二〇〇二年に独立を果たしました。僕はその独立前、国連が一時的にその主権を預かり暫定政権ができたときに、県知事の一人に任命され赴任しました。その独立が決定したのは、一九九九年八月に国連監視の下で実施された住民投票でした。ところが投票結果を不服として民兵による破壊行為がエスカレートしたため、九月にオーストラリア軍を主力とする多国籍軍を派遣、一〇月には「法と秩序」と治安の保障のため、国連東ティモール暫定統治機構（UNTAET）が発動され、国連による国そのものの運営が始まりました。

僕は東ティモールの一三ある県のうちの一つ、インドネシアと国境を接しているコバリマで県知事として一年間、地方行政を統括しました。その県に配属されている国連平和維持軍二個大隊と文民警察をシビリアン・コントロールする役目でしたので「軍」と「警察」

と向き合う凝縮した経験になりました。こうして紛争から紛争を渡り歩く専門集団「紛争屋」の世界に飛び込むことになったのです。

――その後、シエラレオネやアフガニスタンでも武装解除の任務を担当していますね？

停戦を終戦に向かわせる手順の一つにDDRというものがあります。これは国際的に内戦処理のための定番プログラムです。最初のDは武装解除（Disarmament）です。その言葉通り戦闘員に銃を捨てさせることです。二番目のDは動員解除（Demobilization）で、民兵組織など武装勢力を解体することです。三番目のRは社会再統合（Reintegration）で、武装解除された戦闘員に復員事業を行ない、一般の社会生活に再統合することです。具体的には建設や機械整備など基本的な職業訓練のことです。

シエラレオネは、前述の「移行期正義」のモデルになったケースです。一九九九年七月、その後の国際司法の議論に多大な影響を及ぼす合意劇がありました。当時は、その残忍さで世界中に悪名を轟かせていた〝テロリスト集団〟「ＲＵＦ（革命統一戦線）」と、シエラレオネ政府に加勢する、〝西アフリカのＮＡＴＯ〟ともいえる「西アフリカ諸国経済共同体」の連合軍を巻き込んだ一〇年に及ぶ内戦に終止符を打った合意です。一般市民、妊婦や子ども、そして乳幼児にまで及ぶ虐殺、それだけでは足りず〝敢えて〟手足を切って〝生かす〟ことまでやった絶対悪魔とその戦争犯罪を、なんと「完全恩赦」して、そのRUFのトップを副大統領に据える「連立政権」をつくったのです。

このとき、司令官級の戦争犯罪者たちに政治的恩恵まで与えて作業を進める現場の僕たちが、ジュネーヴのもう一つの国連を含む、いわゆる「人権正義派」から「不処罰の文化」の誹りを、時には口汚い言葉で浴びたのは、いつもの通りです。

武装・動員解除の完了後、RUFだけでなく政府側の双方が犯した戦争犯罪を審議する戦犯法廷が立ち上がり、一一年をかけて二〇二三年に閉廷しました。そもそもこの停戦合意を調停したのは誰だったか？　国連ではありません。シエラレオネ人のディアスポラたちの強い政治ロビー・グループが国内にあったアメリカです。それも民主党。ビル・クリントン政権です。

僕は、のちにブッシュ政権が始めたアフガニスタン戦争にも関わりますが、NATO諸国、そしてアメリカ政府の代表たちとの協議でシエラレオネのケースをよく引き合いに出しました。「タリバン・アルカイダの所業を上回る戦争犯罪を犯した絶対悪魔をシエラレオネ人に〝許させ〟、対話と交渉によって平和を導いた。それもアメリカの主導で。アフガニスタンでできないわけはない。アメリカが許せば、ですが。さもないとこの戦争は永遠に続く」と。

結果、アメリカはタリバンとの対話と交渉に舵をとり始め、オバマ、トランプと三人の大統領が、タリバンとの和解を試行錯誤しますが迷走します。そして、バイデン政権。二〇二一年八月、地球上で最強の軍団であるＮＡＴＯ軍は、タリバンに無惨に敗北、アフガニスタンから敗走し、このアメリカ建国史上最長の戦争は幕を閉じます。

テロリストと交渉するべきか

人権というのは、大戦で敵味方に分かれて戦い、夥しい人命が失われた末に人類がたどり着いた考え方であり、その維持を一時として怠ってはならないものですが、その戦いを止めるために、敢えてその「空白」を一時的につくらなければならないときがある。それが停戦の交渉です。「テロリストとは交渉するな。テロに屈してはならない」。よく聞かれる言説ですね。でも、テロリストとは、誰がそう命名するものなのでしょうか。

上述の東ティモールは、面白いケースの一つです。独立を阻止したいインドネシア軍と警察、それが操る民兵たちによる現地民衆に対する大量殺戮の歴史です。東西冷戦期においては、独立派ゲリラは「テロリスト」「アカ（共産主義者）」と呼ばれ、アメリカを中心に西側諸国は、それを殲滅しようとするインドネシア政府を全面的に支援し、軍事供与を行ないました。日本は、ただアメリカに追従するのみでした。現在進行するガザ戦争におけるイスラエルvsハマス、そしてイスラエルによる殲滅作戦の犠牲になっているパレスチナ民衆と同じ構造です。

そして西側メディアは、その大量殺戮の事実に沈黙を貫いたのです。冷戦が終わると、西側は手のひら返しのように態度を変え、独立支援に変わり、ゲリラたちは「自由の戦士」として祝福されるのです。つまり、「テロリスト」という命名は、極めて政治的恣意に支配され、状況によって変化するものなのです。

にもかかわらず、「テロリストとは交渉するな」という言説は政治空間を硬直させ、停戦のチャンスを損なってゆく。その結果、犠牲となるのは民衆です。

ガザ戦争が始まって、国際メディアでは、米軍の元将軍たちがインタヴューされるのを見かけます。その中には、アフガニスタンで一緒に仕事をした者もいます。彼らの言説に一貫しているのは、ハマスとの戦争を「インサージェント（非対称戦力）」との戦いと明確にみなしていることです。アフガニスタンとイラクでの教訓を引き合いに出して。

――伊勢崎さんはアフガニスタンへ日本政府特別代表として派遣されました。ミッションは軍閥の武装解除でしたが、それは大変な仕事だったのではないですか？

はい。アフガニスタンで軍閥の武装解除が軌道に乗り、占領政策に光が差していたにもかかわらず、タリバンの復活が認識され始めた頃、僕のカウンターパートの米陸軍中将が、ある会議のコーヒータイムの立ち話でポロッと言ったことを思い出します。「こっちの戦争計画は大統領の一任期に縛られるが、あっちはそうじゃない。最初から勝負にならないんだよね」と。

インサージェントとは毛沢東の言う「民衆の海を泳ぐ魚」なのです。だから「現地社会の民衆を味方にしなければ勝てない」。これが、アフガニスタンとイラクで米軍が得た教訓であり、それは通称ＣＯＩＮ（Counter Insurgency）という軍事ドクトリンになっています。しかし、どう手を尽くしても、その民衆が味方になってくれない。そして、アフガニスタンでは二〇年をかけて〝敗北〟しました。

上記の米陸軍中将のセリフは、「テロリストを殲滅せよ」という戦争の政治を支配する言説空間と、戦場の現場の現実空間の狭間で苦悩する軍人の本音なのです。

「テロリスト」という言説は、もう一つの問題を引き起こします。「集団懲罰」です。

二〇〇一年九月一一日の同時多発テロは、強烈な愛国主義に導かれたテロとの戦いの幕開けですが、イスラモフォビア（イスラム嫌い）をアメリカ、そしてヨーロッパに蔓延させました。移民の排斥は今でも続いています。

「テロを引き起こしたあの指導者は悪魔みたいに悪いからそれを選んだ国民も同じように悪い」、もしくは「あの民族に属する集団の所業が悪魔みたいに悪いから、それを許容する民族全体も悪い」。この言説空間が肥大することが、集団懲罰の動機となるのです。そして、その一番激しい発露が「ジェノサイド」です。

軍閥兵士から武器を回収する伊勢崎氏（2002～03年、アフガニスタンで＝本人提供）

集団懲罰を厳禁することは、第二次大戦の教訓として人類がジュネーヴ諸条約をはじめとする国際条約に結実させてきましたが、その一つが一九五一年に発行した「集団殺害罪の防止及び処罰に関する条約（ジェノサイド条約）」です。しかし、中国や北朝鮮も含めて世界の大多数の国々が批准するこの条約に、日本はまだ批准していないのです。ウクライナ戦争やガザ戦争で報道される「ジェノサイド」に対して、ロシア政府やイスラエル政府を糾弾する世論が日本でもそれなりに起こりますが、実は日本人にとっては「灯台下暗し」なのです。憲法九条があるからジェノサイドなんて大それたことは起こらない、と思っているのかもしれません。

――関東大震災の時に起きた朝鮮人虐殺はジェノサイドですよね。自警団など民衆だけでなく、警察や軍隊も関わっています。でもそれを命じたり、煽ったりしたはずの人たちは誰も罰せられていませんね？

たとえば、ジェノサイドが一〇〇〇人の犠牲者を生んだとして、それは一〇〇〇件の殺人事件ではないのです。必ず、それを政治的に、資金的に煽り、その尖兵となった民衆の手を血で染めさせた指導者、つまり「上官」がいるはずです。日本には、一世紀前の関東大震災の折に朝鮮人を虐殺して以来、この「上官責任」を実行犯よりも厳しく追及し、そして重く裁く国内法が欠落したままなのです。

ジェノサイドは、戦時ではなく平和時でも起きる、そして軍隊ではなく民衆によっても引き起こされる「戦争犯罪」です。戦争犯罪が一般犯罪と根本的に違うのは、その「上官責任」です。

実は、〝民衆よりも軍隊に近い〟自衛隊を律する自衛隊法にも、その規定がないのです。日本の法体系は、まさに「ヤクザの親分と鉄砲玉」で、この頃、親分に解釈でかなり量刑を課すようになってきましたが、明確に上官責任を問う考え方がいまだにないのです。

もし法律で「上官責任」を問うと言ったら、与党の政治家は反対するでしょう。それは

「上官」である政治家の責任が問われることですから。だから野党が言わなければならないことですが、どうも「戦争犯罪を罰するのはいいが、それが起きることを想定して法整備したら、本当に戦争が起きてしまうのではないか」「しいては憲法問題になってしまうのではないか」と考えているフシがある。こういう思考停止は、まさに九条をめぐる神学論争の賜物ですが、この問題への対処は、刑法や自衛隊法など、憲法以外の法整備で十分可能なのです。

これを理解してくれる政治家はごく少数です。野党ではれいわ新選組の山本太郎さん、与党では自民党の石破茂さん、中谷元さんでしょうか。

ハマスは民主選挙で選ばれた「政体」

――イスラエル軍によるガザ地区への攻撃は激しさを増しています。イスラエル軍による無差別な攻撃に対し、国際的な批判が高まっています。

特に空爆は問題ですよね。ご存知のように戦時および占領下での民間人保護を謳うジュネーヴ諸条約を基幹とする「国際人道法」では、「比例の原則」が厳命されています。比例の原則とは、自衛権行使の要件が満たされ反撃が正当化されたときに、その「烈度」を戒めるものです。攻撃する敵の軍事目標の価値と、遺憾ながらそれに伴う市民への第二次被害は〝許容範囲〟でなければならない。それを越えた結果は、戦争犯罪と称されることになります。しかし、残念ながら、これが今ガザで進行しています。

ある米軍関係者の知人からメールで、「あれだけの密集地に、あれだけの短期間で、あれだけの量を落とすのか」と言ってきました。

僕がアフガニスタンで勤務していたとき、所用で訪れた米NATO軍の作戦室で垣間見たのは、予定する軍事作戦（特に空爆）の一つひとつに「比例原則」の許容性を計算し、その横では軍事法務官がその逸脱の蓋然性を繰り返し吟味し、そして作戦を決行する姿です。しかし、それでも巻き添え被害は止めようもなく、世界の人道・人権世論を敵に回したことは記憶に新しいはずです。その米軍関係者が、今回のイスラエルの所業は〝異常〟だと言っているのです。上記のメールでは、「比例の原則からの逸脱を〝前提〟とした軍事作戦としか思えない」と。

十月一七日にガザ地区のアル・アハリ病院で五〇〇人が犠牲になった〝爆発〟がありましたが、いくらイスラエル側が「ハマスの仕業だ」と言っても意味がないのです。イスラエルの「確信戦争犯罪」を前提とする軍事作戦の中で起きた悲劇なのですから。

――イスラエルは自国の「個別的自衛権」を盾に、「ハマスの殲滅」と「人質解放」を目的としてガザ地区に対する武力攻撃と侵攻を続けています。

現在まで、アメリカは依然としてイスラエルの「自衛の権利」を保護し、安保理決議において「停戦」の一言の挿入を妨害するために拒否権を使い続けています。

イスラエルの軍事占領とはいっても、その所業は、入植者、つまり民間人の武装を側面支援しながら、半世紀以上をかけパレスチナ人から土地を収奪してきたものです。言い方は悪いが、〝強盗行為〟の中で受けた被弾が、はたして国連憲章第五一条の「国際連合加盟国に対して武力攻撃が発生した場合には」とする個別的自衛権を行使する要件を満たすものかどうか、法学的検証が必要だと思います。イスラエルにとって武力攻撃を受けた場所が、国際法規が承認する〝正当な〟領土であるかどうかの問題があるからです。

「イスラム抵抗運動」を意味するハマスは、ヨルダン川西岸やガザ地区など占領地のパレスチナ人難民のための医療福祉活動を行なってきたスンニ派イスラーム運動組織です。一九八七年のインティファーダ発生に伴い武力闘争路線に転じましたが、二〇〇六年のパレスチナ国政選挙でヨルダン川西岸・ガザ両地区で民主的に第一党に選ばれ、その後、ガザ地区を統治することになったれっきとした「政体」です。イスラエルが半世紀以上かけてパレスチナ人の土地を収奪してきたことと、パレスチナ自治政府の汚職や腐敗への批判という土壌の中から生まれたのがハマスです。

――オスロ合意とそれに続く暫定自治協定によって占領地からのイスラエル軍の暫時撤退が開始されましたが、実際に撤退したのはわずかな地域のみで、パレスチナ側の自治拡大は一向に進みませんでした。

先ほどお話ししたハッサン皇太子とペレス元首相の共同事業も、オスロ合意で約束した「二国家共存」に入植者ぐるみで違反するイスラエル政府の本当の姿をオブラートに包む手段として利用されただけだ、という批判を受けました。つらい指摘でした。「二国家共存」への支援を国是としながら、イスラエルに莫大な軍事支援を続けるアメリカ外交の手の平で踊っていただけなのですね。今回のガザ戦争にも、アメリカが供与した兵器が投入され、パレスチナ民衆を犠牲にしています。

ネタニヤフ首相は「ハマスを殲滅する」と繰り返し言っていますが、イスラエルの世論調査によると、「この戦争はネタニヤフのせいだ」と政権に批判的な意見を持つ国民が多いのも事実のようです。ネタニヤフ氏は「国民を守ることができなかった大統領」という汚名を払拭するためハマスを悪魔視し、ハマスの襲撃で犠牲になったイスラエル人の「復讐」を標榜してガザ攻撃に突き進むしかありません。ネタニヤフ氏を止められるのは、アメリカのバイデン政権だけです。
バイデン大統領はガザ戦争が始まってすぐにイスラエルへ飛び、一〇月一九日に帰国し声明を出しました。ウクライナの支援をイスラエルの支援と抱き合わせにしてなんとか議会を通そうとしています。イスラエルとウクライナ両国を「自由と民主主義」のために戦う同志だとか言っていますが、ウクライナは侵略されている側でも、イスラエルは侵略している側です。それを抱き合わせにして緊急支援予算が必要だと言っている。

――バイデン氏はネタニヤフ氏の会談後の記者会見（一〇月一八日）で米同時多発テロを引き合いにイスラエルの「自衛権」の行使を擁護し、ハマスへの報復を容認しましたが、二〇年間続いたアフガニスタン戦争について「過ちも犯した」と「米国の教訓」について発言しています。

アフガニスタンを先行事例とするのは間違いではありません。その教訓とは、一度はタリバンに勝利したものの、民主化の名の下に新しいアフガン政権の構築に二〇年をかけた試行錯誤の中、タリバンの復活を招き、アメリカの敗走で結果がでたばかりの対テロ戦争、つまりインサージェントとの戦いです。
かつてタリバンを倒した当時、アフガン新政権の創設に国連の代表として参加したラクダール・ブラヒミ特使が、後になって述懐したのが、「アメリカの反対で実現できなかったが、あのとき、〝敗者〟タリバンを政権の末席でもいいから招き入れておけば、この戦争は違った結果になったかもしれない。後の祭りだが」です。九・一一同時多発テロの憎さ余って、敗者がれっきとした「政体」であったことを忘れ、徹底的に排除したことへの後悔で、僕も深く共感するものです。

そしてアメリカは、その二〇年の対テロ戦争の試行錯誤の中で陸戦ドクトリンとして前述のＣＯＩＮ（Counter Insurgency）を結実させ、インサージェントが最も得意とする戦略は、正規軍による民衆への第二次被害を敢えて誘導し、国家権力の非人道性を際立たせ、国内外の民衆と世論を味方につけることという苦い教訓を得ているのです。

ガザ戦争が始まってから、西岸地区のパレスチナ民衆のみならず、これまで政府としてはハマスとは距離を置いていた中東諸国でさえ、イスラエルの攻撃でパレスチナの民衆が被る惨状に涙し、そして激高する自国の民衆の運動を抑えることはできません。イスラエル軍のガザ侵攻の結果がこれからどうなろうと、ハマスはすでに勝利しているのです。

かつて日本を含む欧米社会の我々は、九・一一テロ事件を契機に、民主主義体制で生まれた政体でもないタリバンをアルカイダとともに、徹底的に「非人間化」し戦争を挑みました。しかし、二〇年間をかけて我々は敗北し、現在タリバンは、アフガニスタンが

ISISのようなより過激なテロ組織の巣窟とならないように、我々の側に惹きつけておくべく、アフガニスタンを統治する「政体」として交渉しなければならない相手になりました。〝政体度〟において、かつて民主選挙によって選ばれたハマスは、タリバンより高いと言えます。それは「人道停戦」のために、カタールの仲介で進む人質・捕虜交換への、イスラエルよりはるかに理性的な姿勢からもうかがえます。

「テロリストとは交渉しない」。COIN戦略上、これがいかに自滅的な言説であるか。我々は、もういい加減に気づくべきでです。少なくとも、日本人のような〝外野席〟が停戦交渉を「敵を付け上がらせる」と騒ぎ立て、その可能性の芽を摘んでいく弊害に気づくべきです。同時に、「プーチンとは交渉しない」という言説が、いかにウクライナ戦争の停戦のチャンスを奪ってきたか。これも考えるべきです。

ドンバス内戦から始まっているウクライナ戦争

――ウクライナ戦争は二〇一四年に始まったウクライナ東部のドンバス地方での内戦から続いていますね?

ウクライナ戦争で、プーチンが開戦の言い訳にしたのが、ウクライナ東部で、ウクライナからの分離を求めている親ロシア派の人々が虐殺され、助けを求めている。つまり、集団的自衛権の要件を満たしていると。民族自決権（国連憲章第七三条）を言い訳にした集団的自衛権（国連憲章第五一条）の悪用です。

「力による現状変更を許さない」。よく聞かれる言説です。当たり前です。国連は主権国家の集まりですから、それは国連憲章が求める世界秩序の基本、そして正義です。

一方で、国連憲章には、もう一つの正義、そしてそれを支えるメカニズムがあります。それが、この国連憲章の第七三条、非自治地域指定という考え方です。

【人民がまだ完全には自治を行うには至っていない地域の施政を行う責任を有し、又は引き受ける国際連合加盟国は、この地域の住民の利益が至上のものであるという原則を承認し、且つ、この地域の住民の福祉をこの憲章の確立する国際の平和及び安全の制度内で最高度まで増進する義務並びにそのために次のことを行う義務を神聖な信託として受託する】

国家主権は大切で、それを地理的に定義するのは領土・領海ですから、その安全の保障と自衛が大切なのは、議論の余地がありません。しかし一方で、その領有権をめぐって戦争が起きるわけです。それを何とかするのも国連の使命です。そして、そういう係争地域には、往々にしてその国ではマイノリティと目される人々が居住し、歴史的に自決権を求めている。そういう運動が中央政権によって抑圧されると、一つの社会運動になり、それが「独立」を求めて武力闘争になる場合がある。そこに近隣国や大国の政治的、経済的利益が絡み介入し、代理戦争の様相を呈する。そして、人々への人権侵害が増大し、国際社会は「人道的危機」と目するようになる。そして、国連の「非自治地域指定」というメカニズムが発動され、人権侵害を止める努力が始まる。前述のインドネシアから独立を勝ち取った東ティモールは、このケースです。

加えて、民族自決権を言い訳にした集団的自衛権の悪用は、歴史的にロシア（ソ連）、アメリカ双方が繰り返してきたことで、今回のプーチンが初めてではありません。アメリカについては、もう一つの自衛権、個別的自衛権の要件をウソの証拠ででっち上げて、その行使を正当化しました。二〇〇三年のイラクへの侵略です。

だからといって、今回のプーチンの悪用が正当化されるわけではありません。しかし、国際法を発展させる人類の営みに希望を持つなら、少なくとも、冷戦崩壊後のここ三〇年で起きた複数の大きな悪用例を冷静に見つめて、たとえば悪用を阻止する条約の成立に向けて、我々の思考を開始するべきなのです。

二〇二一年の九月に、僕が監修したある本が出版されました。『SDGsで見る現代の戦争』（学研）という、中学校、高校の学校図書館用の本です。第二次世界大戦の後の四七の主だった戦争を、なぜそれが起こったのか、その戦争がどういう被害をもたらしたのかをSDGsで分析するという本です。出版社が特別のチームをつくり、その戦争ごとに地域紛争の専門家にも連絡し、最大限の客観性に気を遣いました。子どもたちへ残すメッセージですから、客観性に最大限の注意を払い、手をかけてつくりました。

繰り返しますが、これはロシアによるウクライナ侵攻の前に出版された本です。取り扱った国際紛争の一つとして、時系列的に最後に掲載されたのが「クリミア危機・ウクライナ東部紛争」です。その記述には、以下の一節があります。

【ウクライナはソ連崩壊後に独立すると、親ロシア派住民と親ヨーロッパ派住民がたびたび対立。とくに東部の親ロシア派住民は政府から弾圧され、ロシアへの統合を希望していました。二〇一四年にはEU加盟をめぐって対立が激化。そこにロシアが加わり、武力でクリミアを併合します。ロシアとウクライナは、以前から天然ガスの輸入をめぐっても争っていました】

つまり、二〇二二年二月二四日から開戦されたウクライナ戦争は、それ以前の二〇一四年から始まったウクライナ東部紛争、つまり親ロシア派住民が武装蜂起し、それにロシアが介入する「ドンバス内戦」の延長ということになります。少なくとも、二〇二一年の四月に始まった戦争の原因は、それ以前のドンバス内戦にあり、その内戦が起きた理由に対処することが、この戦争の終結と考えるのが真っ当な学問的姿勢です。

以上のようにウクライナ戦争を定義すると、この戦争の「終わり」、つまりウクライナにとっての平和の達成とは、一言で言うと、親ロシア派住民と親ヨーロッパ派住民の「和解」もしくは「民族融和」ということになります。

加えて、内戦中のウクライナには、もう一つ深刻な問題がありました。「子どもの兵士」です。二〇一七年のキエフ発AP通信の記事には、こう記述されています。

「アゾフ義勇大隊の隊員は東部戦線で戦い、極右思想で悪名高い。子ども向けに二週間の民兵プログラムを設けており、八月初旬の時点で八五〇人以上の子どもたちが全国七か所のアゾフキャンプで訓練を受けている。正式にはウクライナ国家警備隊の一員であるアゾフは、もともと寡頭政治家イホル・コロモイスキーによって資金提供されていた事実上の私兵である。現在の資金源は不明で、大隊は個人の寄付に頼っていると述べている。そのメンバーには、戦闘地帯での人権侵害に関する数々の告発がなされている。ヒューマン・ライツ・ウォッチとアムネスティ・インターナショナルは昨年の共同報告書で、アゾフを含む義勇兵大隊による拷問と『その他のひどい虐待』の事実を立証する、信頼できる申し立てを受けている、と述べた」

ジュネーヴ諸条約や子どもの権利条約は、戦時の子どもの戦闘への訓練と徴用は厳禁し、加えて、主にアフリカにおける紛争の国際法廷の判例の集積により、そういう子どもの徴用は戦争犯罪だという認識が確立しています。もしアフリカの国々が戦時にこれをやったら、即座に国際社会は反応し、何らかの制裁措置を課すでしょう。

アフリカのそういう悲しい経験のおかげで、子どもの徴用を戦争犯罪化する「国際法の秩序」が発展したといえます。その適用に、肌の色におけるダブル・スタンダードがあっていいはずがありません。しかし、ウクライナの「市民動員の末の子どもの兵士化」を問題視する言論空間は、かつてはありましたが、今は消滅してしまいました。ロシアを絶対悪魔化・非人間化し、ウクライナ政府を美化する戦争言論空間は、人類が多大な犠牲を経て築き上げてきた公共資産としての国際法の秩序を著しく歪めてしまったのです。

――ウクライナとパレスチナの「停戦」を実現するプロセスについて教えてください。

ウクライナにとっての平和を「停戦の条件」にしないといけない。こういう言説がよく聞かれます。そして、ガザ戦争と対比して、イスラエルの侵略行為が許せないなら、ロシアが侵略した全領土からのロシアの撤退を要求するべきだ、とも。

まず、前述のように、ウクライナにとっての平和とは、「民族融和」です。当然、それには時間がかかり、「移行期正義」の一環として国際社会の支援の下に実現してゆくべきものです。

領土問題はどうするか。ガザ戦争のそれと絶対に混同するべきではありません。イスラエル政府による侵略とは、パレスチナ人の所有地を一つひとつ奪ってきた〝官民一体の強盗行為〟です。「盗んだものは返させる」。「二国家共存」をイスラエルが一方的に反故にしてきた歴史の中で、今、ガザまで手中に収めようとしている以上、この単純明快な言説は、特に停戦の鍵を握るアメリカの世論に定着させるべきものです。

一方、ウクライナ戦争における領土問題は、ウクライナ自身の国内のマイノリティの民族自決権問題であり、前述の国連憲章第七三条に則って、その住民に帰属を選ばせるべき問題です。ロシアが勝手にやる住民投票ではなくて、国連の監視の下に行なわれるべきそれです。それを終戦の帰着点として、我々世界市民は、即時停戦の仲介の外交努力を支持する世論を形成することに専念するべきです。

多くの人命が失われる悲劇が起き、それがセンセーショナルに喧伝されると、その犯人の悪魔化・非人間化が始まります。二〇二二年二月二四日にウクライナに侵攻したロシアのプーチンと、二〇二三年一〇月七日にテロ事件を引き起こしたパレスチナのハマスです。その喧伝が功を奏すればするほど――それでもってメディアは利益を追求し、政治家は自分への支持を集めようとするわけですが――、「悪魔が何故その蛮行に至ったか」を解明しようとする言説空間が消滅してゆきます。「悪魔はその行動が予測できる我々と同じ血の通った人間ではない。だから交渉は無意味。殲滅するのみ」、それに異論を挟むことは「悪魔と同罪」という言説空間が社会を支配してゆきます。

この世には、あらゆる対話が本当に不可能で、本当に人間以下の者たちがいるのかもしれません。そういう存在を、我々は少なくとも概念として、未来に備える〝正義〟のために常に希求するのでしょう。しかし、あまりにも度が過ぎると、それは我々をいわゆる「安全保障のジレンマ」に陥らせ、戦争に導き、大量破壊兵器の使用や民族浄化など壊滅的な結果を引き起こす前に「撃ち方やめ」を合意させる営みを損なってゆくのです。

戦争は避けられない人間の性だと認めざるを得ないのが現実なのでしょう。しかし、世界を巻き込む二つの大きな戦争が進行する現在、〝正義〟を言い募る言論空間が荒れ狂う中で、今ほど停戦を求める言論空間が必要なときはありません。〝いつものように〟執拗な非難に晒されても、です。なぜなら、犠牲となるのは何の罪もない無辜の市民なのですから。

最後に。現在進行する二つの大きな戦争が日本に及ぼす影響について言及したいと思います。特にウクライナ戦争のそれです。

日本は、対立する大国や軍事同盟の狭間に位置し、真っ先にその戦場となったウクライナと同じ「緩衝国家」(2)です。アメリカの仮想敵国では、ウクライナはロシアだけですが、日本にはそれに加えて中国と北朝鮮がある、いわば三重苦・緩衝国家です。なんとしても日本の「ウクライナ化」、つまり大国の「代理戦争」(3)の戦場になることは避けなければなりません。

ロシアがウクライナを侵略したように、中国も台湾を？　そういう非常時を想定し備えることに反対はしませんが、あまりやりすぎると抑止力の構築が暴走します。時に、仮想敵国の立場に立ってモノを見ることも大切です。中国が日米同盟を発動させるようなことを敢えてやるか？　加えて、台湾国民は日本人が考えているほど反共で団結しているのか？　そもそもアメリカ国民がウクライナへの軍事支援に批判的になり始めているときに、もう一つの代理戦争にアメリカ自身がコミットするのか？　これらを考えたら、蓋然性にかなりクエスチョン・マークがつきます。

朝鮮半島有事はどうでしょう。日本と韓国には、米軍が常駐しています。その韓国には、「朝鮮国連軍」という日本人には耳慣れないものが、冷戦開始からずっと、三八度線で北朝鮮と対峙しております。実は、在韓米軍とはこれのことなのです。

朝鮮国連軍は、「国連軍」といっても、国連憲章第七章に基づいて安保理が統括する現在のPKOのような「国連軍」ではなく、米軍司令官の指揮下で活動する米韓主体の多国籍軍です。根拠となる安保理決議は、一九五〇年に北朝鮮が韓国に侵攻した直後にソ連欠席の下で採択されたものだけで、この決議により「国連軍」の名称と国連旗を用いることが認められました。それ以来、この「国連軍」に対する安保理決議は一つもありません。

ある意味、国連でない国連軍なのですが、ブトロス・ガリが国連事務総長だったときに興味深い書簡が発行されています(4)。これは、安保理が管轄する国連組織として創立したものではなく、国連のいかなる組織とも関係ないから、その解消はアメリカの一存で行なわれるべき、というものです。つまり「国連が解消できない国連軍」なのです。

まあ、冷戦の遺物なのですが、これが今でもしっかり実動しているのです。実際、トランプ大統領がツイッターで米朝開戦を示唆し世界を震撼させていたとき、二〇一七年九月、僕は米陸軍太平洋総司令部が主催する「太平洋陸軍参謀総長会議」に講演者として招かれ、その際に確認したのですが、朝鮮半島有事、つまり在韓米陸軍が動員されるそれは、朝鮮国連軍としての行動となる。そして当然、その開戦の決定において、アメリカは国連軍として行動すべく、参加国の協議と同意が必要となるのです。

実際、トランプのツイッターに連動して、オーストラリアなど、この多国籍軍の一員である国籍の軍用機が、嘉手納などの在日米軍基地に飛来しました。日本政府に何の通告もなく、です。

そうなのです。日本は、朝鮮国連軍に参加する一二カ国（アメリカ、オーストラリア、英国、カナダ、フランス、イタリア、トルコ、ニュージーランド、フィリピン、タイ、南アフリカ）と「朝鮮国連軍地位協定」を締結し、現在も有効なのです。日本人が、もはや空気のように普通のこととして気にもとめない「横田空域」は、このためにあるといっても過言ではありません。

強調したいのは、日本は国連軍には入っていないということです。でも、この地位協定により、「国連軍」の後方基地になる。つまり、開戦の意思決定に入っていないのに、それが決定されれば自動的に、その一部、つまり敵から見れば「紛争の当事者」となる。自衛隊が何もしなくても、国際法上の正当な攻撃目標になるのです。開戦の「事前協議」があるかどうかもわかりません。なぜかというと、この「国連軍」と従属関係を意識しシミュレーションしたことは、日本政府は一度もないからです。

僕は、与野党を超えて、この問題を講演しているのですが、自民党を中心に現役議員は、まず「国連軍」のことを知りません。朝鮮国連軍地位協定の条文は、外務省のホームページで検索すれば出てくるけど、外務省や防衛省の官僚でも、実感をもって理解している人は皆無でしょう。

つまり、日本は構造上、息を吸っているだけで有事の常態下にいるということです。つまり、日本の「ウクライナ化」は、日本がコントロールできない構造で起きるのです。韓国軍は「平時の作戦統制権」を米軍から奪取しているので、少しは〝マシ〟かもしれません。しかし、日本は、「国連軍」の存在によりアメリカの一存によって朝鮮半島有事が自動的に発動する構造に、自分の意思のない、ただの〝部品〟として組み込まれているだけなのです。

有事のリスクを緩和する措置があるとしたら、それは、開戦の意思決定の末、実際の戦場となる、つまり最も苦痛を強いられる当事国の発言権が尊重されること。それは、日韓双方にとっての「国連軍」の解消以外にはありえません。

しかし、国連が解消できない「国連軍」をどうやって解消するのか？　それは安保理では不可能です。国連総会で問題提議するにしても、やはり複数の加盟国が同意し、リード国としてその決議を発議する必要があります。そういう国々の政府を動かすには？　市民のアクションと連帯しかありません。とりあえず、日韓の市民社会の連帯です。

(1)ノルウェーの外務大臣の仲介で、イスラエルとパレスチナ解放機構（ＰＬＯ）との和平に関する交渉がオスロで進められ、一九九三年九月、ワシントンでクリントン大統領の立ち合いのもと、イスラエルのラビン首相とアラファトＰＬＯ議長が「パレスチナ暫定自治に関する原則宣言」に署名、オスロ合意が確定した。ヨルダン川西岸とガザ地区でのパレスチナ人による暫定的な自治を段階的に認めていくことが確認されたが、ヨルダン川西岸地区へのユダヤ人の入植は止まらず、一九九五年にラビン首相が右翼青年に暗殺され、二〇〇〇年にリクードのシャロン党首がイスラーム教の聖地ハラーム・アッシャリーフにあるアル・アクサ・モスクに強行入場したことから、パレスチナ人による民衆蜂起である第二次インティファーダが始まり、オスロ合意は空文化した。

(2)伊勢﨑氏が出席した二〇二二年一二月のノルウェーでの国際会議で共有された「緩衝国家」の定義。【敵対する大きな国家や軍事同盟の狭間に位置し、武力衝突を防ぐクッションになっている国である。その敵対するいずれの大国も、このクッションを失うと自分達の本土に危険が及ぶと考えるため、軍事侵攻され実際の被害を被る可能性が、普通の国より格段に高く、しばしば代理戦争の戦場となる】

(3)同じく「代理戦争」の定義。【大国が関与する分断国家の政権もしくは反政府勢力に、その大国を敵と見なす別の大国が武力を供与し、自らは血を流さず敵国を弱体化する試み】

(4)一九九七年に当時のブトロス・ガリ国連事務総長が北朝鮮外務相にあてた親書。【朝鮮国連軍は、安保理の権限が及ぶ国連の下部組織として発動されたものではなく、それがアメリカ合衆国の責任の下に置かれることを条件に、単にその創設を奨励しただけのものである。よって、朝鮮国連軍の解消は、安保理を含む国連のいかなる組織の責任ではなく、すべてはアメリカ合衆国の一存で行われるべきである】

パレスチナ、ウクライナ戦争とアジアからの新世界秩序

羽場久美子

はば・くみこ／世界国際関係学会（ＩＳＡ）アジア太平洋会長、青山学院大学名誉教授。ロンドン大学、パリ大学、ハーバード大学客員研究員。専門は、国際関係論、ＥＵ研究など。著書は『21世紀大転換期の国際社会―いま何が起こっているのか？』（法律文化社）、『移民・難民・マイノリティ―欧州ポピュリズムの根源』（彩流社）『ヨーロッパの分断と統合―包摂か排除か』（中央公論新社）など。

ウクライナ戦争は、欧米の「支援疲れ」が表面化し、戦線の膠着もささやかれ始めた。一〇月にはパレスチナ紛争が始まり、国際社会の目は一気に中東へと向いている。ウクライナ戦争の「停戦」と平和構築を主張している羽場さんは、中国やインド、アジアなど新興国が急成長している現在、日本は近隣諸国との共同に目を向け、アメリカに追随するあり方から脱却すべきだと語る。世界が不安定化する中、日本が果たすべき役割とは？

イスラエル・パレスチナ戦争の非対称性と、ウクライナ戦争の矛盾の拡大

――一〇月にハマスのイスラエル攻撃があり、イスラエル軍によるガザ地区への攻撃が続いています。

イスラエルは、パレスチナの難民キャンプや病院、避難所を爆撃し、女性・子ども・乳幼児や、病院の医師、国連職員を次々に空爆・殺害するなど、国際法上も、人道的にも、許しがたい違法行為、ジェノサイドを続けています。国際社会や国連は、爆撃の停止、戦争の停止を国連総会でも、安保理でも、世界中が非難し、爆撃の停止と即時停戦に一二一カ国が賛成しています。しかしアメリカがイスラエルを支持し、安保理で繰り返し拒否権を行使しているため、一五カ国中一三カ国が即時停戦に賛成しても爆撃を止められない状況にあります。

国際法に反した行動をとっているのはイスラエルとアメ

リカです。イスラエルは明らかにジェノサイド（民族浄化）、戦争犯罪を公然と遂行しています。アメリカのバイデン政権はイスラエル支援とウクライナ支援の予算を抱き合わせにして議会の承認を得ようとしましたが、ウクライナ支援は実現しませんでした。しかし、アメリカ議会はイスラエルの暴挙には武器と支援を送っています。自由民主主義国と言えるのか。アメリカの国際規範の大きな矛盾が明らかになっています。

ウクライナ支援の予算は九月に止められ、下院議長は共和党でしたが解任され、それでもウクライナの軍事支援を復活させることはできませんでした。「支援疲れ」といわれますが、ウクライナ支援が、バイデンの利益にはなってもアメリカの利益にはならないということを国民が感じ始めたのだと思います。ウクライナは「武器を、武器を」と言いながら、与えられている武器の半分をシリアや他の紛争地域に流して儲けているといわれ、政府内腐敗のひどさが批判されています。さらにウクライナのゼレンスキー大統領がイスラエルのパレスチナ空爆を支持したことから、アラブ諸国や世界が一斉に反発しています。

ウクライナの、ゼレンスキーの、またアメリカの唱える「自由民主主義」の矛盾を、イスラエルのパレスチナ無差別爆撃が、明らかにしたと言えます。ヨーロッパも現在、特に東欧の、最もウクライナを支援していたポーランドから、スロヴァキア、ハンガリーに至るまで、ウクライナの穀物をアフリカなどに送る輸送路として開いているのに自国で販売し穀物価格が急落しているとか、大量の脱走兵が入ってきているなど、ウクライナの腐敗と混乱に対して、いい加減にしろ、という怒りとボイコットが強まっています。ポーランドとスロヴァキアは欧州連合（EU）の指令であるウクライナ産穀物の輸出規制解除に反対し、「自国優先」を掲げてウクライナへの武器供与をやめました。

武器を横流ししてひと儲けしながら、あらゆる国を訪問して武器供与を要求し続けるゼレンスキー政権の腐敗も著しいものがありますが、そのウクライナに武器供与を続け、息子のハンター・バイデンに法外な顧問料を払わせ、親子で利権を得ているバイデンにも批判が強まっています。ハンター・バイデンは、銃不法所持や脱税で二度起訴されています。またバイデンは、一二月初め、共和党が強く武器輸出に反対する州で、「武器輸出によって、数十億ドルの儲けが各州自治体に入り、雇用創出を生み出している」と説いて回っており、これも自由民主主義の劣化を感じさせます。

ウクライナ戦争で一番儲かっているのは、アメリカのバイデン政権と軍産複合体、ゼレンスキー政権であり、一番被害を被っているのはドイツなど欧州の同盟国、日本などです。欧州ではロシアのパイプライン・ノルドストリームの爆破で、エネルギー危機に陥っており、爆破したのはウクライナの諜報機関であるとワシントン・ポストが暴露し、ウクライナ支援に混乱が広がっています。欧州・日本はウクライナ戦争により、長年、国民が望まなかった軍事費の倍増が実現し、その資金はアメリカの軍事企業に流れています。

そのうえイギリスは劣化ウラン弾、アメリカはクラスター爆弾と劣化ウラン弾という、国連等で禁止されており、戦後も人々や地域を汚染し破壊する兵器をウクライナ政府に与え、あろうことかウクライナ南部に対して使用しています。「ウクライナの人々を守る」と言いながら、ウクライナ南部の人々や土地は汚染されて人が住めなくなっても知ったことではない、という信じがたいことです。イギリスは「劣化ウラン弾は核兵器ではなく通常兵器だ、どこでも使われている」と言っていますが、使っているのはイギリスとアメリカです。

劣化ウラン弾は戦車の装甲を貫いて内部を高熱で破壊し焼き殺すだけでなく、そこから飛散する大量の放射性物質が周りの環境に飛散し、長期にわたって人々と地域を汚染します。国連人権小委員会は一九九六年に劣化ウラン弾を「非人道兵器」であると決議していますし、欧州議会も二〇〇七年に劣化ウラン弾の使用禁止を決議しています。

ユーゴスラヴィア紛争、中でもコソヴォ紛争の際、米軍がセルビアで劣化ウラン弾を使用し、イタリア兵が被爆したことがあります。このときEUは「欧州で核を使うとはなにごとか」と非難し、米軍はEUに謝罪しています。今回、ウクライナ軍はこれをウクライナ東部で使っているわけです。劣化ウラン弾の使用を認めた欧米、さらにウクライナ政府自体が、ロシアとロシア語話者の多いウクライナ東部を欧州とは見なしておらず、使用後の大量被爆を気にも留めていないということです。これは欧州東部およびロシアに対する人種差別でもあります。戦後も放射能汚染や被害が続くことを考えると、欧米はウクライナを助けるために戦っているのではなく、ウクライナ東部のロシア人マイノリティとロシアを弱体化させるために戦っている、東部ウクライナの民間人の命は考慮していないとしか思えません。

今やゼレンスキー政権自体、ウクライナ国民の間で人気が衰えているといわれ、ウクライナ軍総司令官のザルジニーが、反転攻勢は膠着状態に陥り、被害が拡大しているので、停戦交渉もありうる、と言ったことに対し、ゼレンスキーは、「ロシアを国境から追い出すまで戦う」と従来の主張を繰り返していますが、国内では、ゼレンスキーがいなければロシアとの戦争は始まらなかった、という声も聞かれ始めています。アメリカはロシアの弱体化と崩壊をめざし、ウクライナをその代理戦争として戦わせています。しかしその目的は達成されないまま、停戦に向かうかもしれません。

またイスラエルのパレスチナに対する空爆と虐殺が、中東に根強い反アメリカ意識に火をつけています。アメリカはアフガニスタンで二〇年もタリバンと戦い、そして敗北しました。アメリカは、アフガニスタンに、「九・一一」の報復として戦争を仕掛けました。

アメリカは力関係としては、簡単に潰せると思っていたかもしれませんが、中東に対して主権を尊重せず、アメリカの石油権益や地政学的重要性を優先する露骨な行動をとり、二〇万人も殺害したため抵抗が強く、結局タリバンを復活させ、敗北してしまったわけです。

イスラエルのあまりにも残虐なガザでのジェノサイドが、アラブ諸国の中でウクライナ支援についても、手を引いていく国が増えるのではないかと思います。アメリカの中でも半分以上がウクライナ支援に対して批判的だということが明らかになり、日本も戸惑っています。日本政府がアメリカに追随する姿勢のまま防衛力強化を進めることや、アメリカに気を遣ってウクライナ支援を続け、パレスチナ問題に声を上げることに躊躇している間に、アメリカ・イスラエルの孤立が深まっています。国民の側からもウクライナ戦争、イスラエルの残虐な爆撃に、不信の声が出始めています。

現状では、共和党のトランプが大統領に当選しなくても、アメリカがウクライナ支援を続けることは難しいかもしれません。アメリカの国内ではウクライナ支援ではなく、国民の生活を改善しろとか、失業問題に対処せよという意見が広がっています。イスラエル支援については両極ありますが、アメリカ内部でこれ以上、外交に力を注ぐことに対して批判的な意見が増えています。

アメリカに対し旧来規範の観点から反対していた欧州も、現在ウクライナ支援やイスラエル支援に対し国内から疑問の声が上がってきています。ウクライナ戦争を支持することは自国の利益ではない、と考えていたのは、当初はフランス・マクロン政権やドイツ・ショルツ政権、ハンガリーのオルバーン政権などで批判的にとらえられていましたが、現在、ポーランド、スロヴァキアなど、徐々に増えているように思われます。そうした中、アメリカのバイデン政権も揺らいでいます。

ロシア・ウクライナ戦争では、経済制裁やノルドストリームの爆破によってアメリカの同盟国の経済が悪化し、アメリカがシェールガスを買わせたり軍事産業の増大で儲けたりしているのに、最も苦しんでいるのは同盟国の欧州や日本、という状況の中、徐々にアメリカから離れ始めています。アメリカが、中国を封じ込め、欧州や日本に中国との経済関係を縮小し、半導体を輸出するなと圧力を掛けつつ、自国は中国との経済関係をむしろ拡大させていたりする自国ファーストの動きに、欧州の多くの国が疑問を感じ始めているのです。そうした中、日本はなかなかアメリカから離れられないのが実態ですが。

中国の「一帯一路」戦略と新興国、日本との関係

他方で中国はどうか。二〇二三年一〇月、一帯一路の一〇周年の会合が東京で、その後

中国・北京で開催されました。どちらにも参与する機会を得ましたが、非常に興味深かったのは、そこに日本の大企業や中小企業の幹部がたくさん参加していたことです。日本は一帯一路⑴には加わっていませんが、一五〇カ国が加盟する中、日本経済団体連合会（経団連）の副会長は、「日本も一帯一路に参加したい」と明言されていました。

アメリカの圧力で中国との貿易を縮小すると日本経済が危うくなる、という危機感の表れだと思います。アメリカも中国企業との取引を拡大さえしている中、日本も政治面では中国を批判しながら、経済面では、実は積極的に中国経済との連携を進めようという状況だと思います。

日本の経済界は、いい意味でプラグマティックなところがあります。ロシアへの経済制裁の中で、欧州はアメリカを立ててノルドストリームをストップし、爆破もあり、ロシアの天然ガスを受け入れないと表明しましたが、日本企業はロシアの原油・天然ガスを輸入するサハリン1、2の事業から撤退していません。政府も「サハリン事業は日本のエネルギー安全保障にとって重要なプロジェクトだ」と説明しています。それに関わっているのが三菱商事と三井物産です。日本屈指の商社が、サハリン事業は続けると言っています。もっとも日本のエネルギー自給率は四パーセントなので、制裁すれば日本の企業と社会生活が大打撃を受けるいうことですが。

中国との連携は日本経済にとって重要です。日中国交正常化五〇周年を迎える前年の二〇二一年一二月に、経団連は中国と協力して経済関係を構築していくという日中共同声明を出しています。基本的に日本の貿易の四分の一は中国、残りの四分の一を合わせて二分の一以上はアジアです。アジアや中国と経済関係を持てなくなると日本経済は即、危機に陥ります。だから、経団連はずっと中国とは協力してやっていくと言ってきました。

アジア向けの国際開発金融機関「アジアインフラ投資銀行（ＡＩＩＢ）」も中国が提唱して主導していますが、イギリスをはじめ一〇〇カ国以上が加盟し、金融の六〇パーセントを占めています。そうした中で三菱ＵＦＪ銀行の重役も、日本の金融も一帯一路とＡＩＩＢに入って投資をしたいと表明しました。すでに経済は中国の時代に入っています。世界の四分の三が中国と提携し、アジアの時代が始まっています。来年のＧＤＰでドイツに抜かれ、四位に落ちるのは実は日本なのです。日本こそ本気で経済の立て直しに着手しなければならないのに、なかなかそれが見えてこない。日本の情報が世界の金融・経済から孤立しているように見えます。

一〇月、中国に招聘されて北京大学・精華大学・中国外交学院や現代国際関係研究所などを訪問し討論してきました。中国で開催された一帯一路一〇周年の大会には加盟国一五〇カ国、うち一四〇カ国が参加していただけでなく、国連を含め、ＡＳＥＡＮ、

ＢＲＩＣＳなど三〇関係団体も参加していました。国連加盟国の四分の三が中国と連携して経済開発を進めており、北京には一万人を超える世界中の要人があふれていました。この大会に関連して、日本のメディア数社からも取材を受けましたが、日本ではほとんど報道されませんでした。

他方、東京での一帯一路の記念大会と中国訪問に際しての記者会見では、中国から二〇社ほどのメディアからインタヴューを受けました。中国メディアでのインタヴューでは、中国の公共テレビＣＣＴＶのインタヴューがテレビ放映され、英字日刊紙China Dailyにもコメントが次々に掲載されました。アメリカに追随して中国経済を排除することで日本の国益を自ら阻害していることに日本のメディアはもっと警鐘を鳴らすべきでしょう。

一帯一路が理念として優れているのは「歴史的な、世界を半周するシルクロード地域に、万里の長城のように高速道路と鉄道網を構築する、インフラ・投資一〇〇年計画」であるだけでなく、インフラ整備と投資で近隣の貧しい国々に道路を作り、鉄道を作り、グリーンエネルギーの風力発電などで砂漠に電気と灌漑を提供し、豊かな地域に変貌させていることです。パンデミックが世界に蔓延したときには、アメリカや欧州がマスクや医療機器を独占し、自国ファーストの政策をとったのに対し、中国は大量にマスクを配り、医療機器を配布し、医師を派遣し、安価な値段でワクチンを製造・配布しました。安価なワクチンや医療機器の配布に対し感謝する国が多く現れました。

二〇一〇年に日本のGDPを抜いてから中国の対応は、日本や欧米では「戦狼外交」と批判されましたが、むしろアジアやアフリカの国々では、深く感謝されています。特にカンボジアやラオス、スリランカの人たちは、一帯一路によって高速道路や高速鉄道が実現し、地方から首都に行くのに二〇時間かかっていたのが、五時間に短縮されたと喜んでいました。日本の新幹線、欧州のTGVのような美しい車両の高速鉄道が、次々に中国から東南アジア、南アジアに作られていったわけです。中国では北京から天津に行くのに高速鉄道に乗りましたが、時速三五〇キロで美しく快適な車両で、今や日本を大きく追い越している印象を受けました。

日本はバブルの時代にアジアの周辺の貧困国に恩恵を与えることをやっただろうかと考えてみると、企業がアメリカの不動産を買い漁ったり高額の絵画を購入して話題になったりしただけでした。当時、日本政府は海外の開発途上国に潤沢な政府開発援助（ODA）をやっていましたが、無駄な箱物を建てるようなこともしていました。カンボジアに五億円のオペラハウスを建て、カンボジアの人が「私たちはオペラなんか見ません」と言ったことも話題になりました。現地の人たちが何を求めているかということを考えずにお金を使っているのです。

また、日本はODAをやるときに必ず日本の企業を使ってやります。高価な日本の機械を導入しても、一つボルトのねじが壊れ、部品が故障しても、日本から取り寄せないと動かなくなり、使えず放置されているという批判も出ました。相手国の利益を考慮できていない。当時日本と比べて一〇分の一ほどのODAを出していたスウェーデンが、現地が何を望むかの要望を出してもらい、それに即して援助をしたため「スウェーデンODA」として大変有名になったということもいわれました。以後、日本のODAは縮小されましたが、水道技術や灌漑などは大変感謝されています。相手の希望に合わせるということが最も重要なのでしょう。

世界は大転換期を迎えている：ゴールドマン・サックスの経済統計

二〇二三年の春に出たゴールドマン・サックスのGDP将来予測は世界を衝撃に陥れましたが、これもほとんど日本のメディアに報道されていません。これを見ると二〇五〇年には中国がアメリカを抜き一位、インドが三位、インドネシアが四位に上がり、日本はドイツにも抜かれ六位に転落しています。

重要なのは五〇年後です。中国インドが一位、二位、アメリカは三位にとどまり、四位以下は、インドネシア、ナイジェリア、パキスタン、ブラジルがトップ8に躍り出ています。日本は一二位まで転落。メキシコとロシアの間です。これは経産省の人に聞いたところ、IT、AIの普及により、人口と教育が経済発展を決める。インドネシアなどトップ8に入る国々はほぼ一億から二億の人口を持っている、とのことです。二五年後、五〇年後は目と鼻の先です。日本は四〇年後に労働力人口が半分になる。ということを考えると、一二位転落もすぐそこなのです。転落に抗うには相当の準備をしなければなりません。戦争準備に四三兆円も払っている場合ではないのです。少子高齢化に、介護に、日本の教育研究に、日本の遅れているIT、AI研究に、若者育成に、全力を投球しなければ、五〇年後どころか、日本は一〇年後にも転落するだろう、とは経済産業省の知人の意見です。

経済が中国とインドの時代になるのは目前です。それを踏まえて、日本経済も立て直さなければならない。経済で頭打ちになっているアメリカに追随して軍事産業に走るのではなく、アジアの経済発展に学ぶべきです。インドも中国と同様、地域共同を重視しています。インドの西側の国々はアフガニスタンやバングラデシュ、ブータンなど貧しい地域が多いですが、インドもそうした周辺の国々と富を共有しています。これらを総称して「南アジア地域協力連合（SAARC）」という地域協力が形成されています。

私は一〇年ほど前にSAARC研究所と、建設中のSAARC大学を訪れました。今年、二度目に行ったときには郊外の広い敷地に移動して、医学部や理学部、国際関係学部など一二学部が設立され、アフガニスタンやブータン、スリランカ、バングラデシュなど近隣の国々の若者を集めて、学費、寮、食費など全て無料で提供し教育し、大学院まで出して自国に戻しています。そこで招聘講義をさせて頂きましたが、この学生たちは夢と目的意識を持って目を輝かせて勉強しており、次々に質問してきます。彼らに「将来何になりたいか？」と聞くと、「大統領になりたい」「経済大臣になって自国の貧しさを解決したい」「医師になって国の医療をたて直したい」と明確な希望を持ち、ＳＡＡＲＣ大学の教授たちによれば、それらを実現していくのだそうです。

中国の国際大学でも同様のことを聞きました。中国やインドの、近隣国の若者を含む教育に対する熱意も、すばらしいものだと感じました。日本も、本来であれば、世界第二位の経済大国のときに、もっと周辺の国々も含めて教育研究機会を充実させ地域の共同を実現するべきだったでしょう。今年まだ世界第三位、来年四位になっても、その間に、周りの国とともに発展するという理念を日本もぜひ持って、アジアの地域共同を実現してほしいと願います。

二〇二三年一二月、日中韓ロシア・モンゴルの自治体地域協力に招聘され講演しました。そこで韓国が、欧州のベルギーのように、周りの地域をまとめ、すでに持ち回りで一四回も地域協力を進め、韓中モンゴルは、それぞれ三〇人前後、自治体や大学から参加しているのに対し、立ち上げに協力したとされる日本は、自治体から二人しか来なかったのにもがっかりしました。五カ国の中で日本だけが、近隣諸国との共同に必ずしも恒常的に熱心ではないこと、他方で、政府は安保三文書改訂、防衛費増額、ミサイル配備など、近隣国との緊張を生む方向に向かい、せっかくの五カ国自治体対話と交流という重要な機会にも参加せず、いまだ中国にも韓国にもまともに謝罪もしていないことに、大陸アジアとの共同意識の違いを感じます。

ロシア、モンゴルからの参加者も、地域共同の重要性を認識し、言葉を選んで報告していたことにも、歴史的な積み重ねの意義を感じました。インドは一四億超の国民を持ちながらも、周辺国の若者たちを育て、お互いに協力し合いながら南アジアの発展を実現しようとしています。インド北部のカシミールで戦争状態にあるパキスタンの若者も迎え教育をしています。グローバルサウスのリーダーとして、インドは、中央アジア、中東、アフリカを含む途上国といかに力を合わせて共に発展していくかを考えているのです。

他方、アメリカや欧州は一九世紀から二〇世紀に航海術と銃、科学技術を携え、植民地を獲得し、アジア・アフリカ・ラテンアメリカの豊かな富を収奪して、発展していきました。長期的な歴史の視野に立ってみると、欧米とアジアの哲学の違いを感じさせられます。

中国もインドも人口は一四億人を超えていますが、急成長していく中でも、富を集中して豊かになるとともに周辺国との連携により発展していこうとする気概が感じられます。中国やインドは、大国であるにもかかわらず、地域協力を非常に重視しています。その地域協力の方法も、日本のODAのように日本企業の要請に従って現地に必要のないものを作るというようなかつてのやり方とは違って、インフラや投資、教育ITや医療など、その国が一番求めているもので協力しています。

日本人は教育というと結果が出るまでに長い時間がかかるとか結局就職したら役に立たない学問なので無意味だと思う傾向があります。しかし、中国やインドが、開発途上国の求めるインフラや教育、ITやAIの技術を通してさらなる地域共同と地域の発展に繋げていくという哲学があり、これこそ中国やインドが何千年もの間、周辺国にも影響を与えながら存続したヒントがあるように思いました。

EUは、ロシアとの境界線の国やポーランドなど東欧の地域に補助金を出すときに、何が必要なのかを五年計画プロジェクトで検討したうえで、「資金の半分は自国で賄う」ことを条件に「越境地域補助金プログラム」を推進していました。そうすると資金を受け取った地域も半額の責任を持たないといけないわけです。きちんと元が取れるようなことをやらないといけないので、建設的なものになっています。たとえば、現地で銀行を設立し、企業を立ち上げて一緒にやっていくということです。中国やインドの無償支援とは異なり、哲学の違いを考えさせられますが、一方的な援助よりはずっといい。

しかしSDGsや、グローバル化の下での格差拡大を考えると、アジア型の、弱い国・貧しい国を助け共に発展する地域協力のやり方が、結果的には長期的な発展を呼び込むように思います。今や欧州も中国やASEANと強い繋がりを持って発展しようとしています。フランスのオランド大統領も、ドイツのメルケル首相も、急速に中国に接近しました。今はドイツのショルツ政権も、フランスのマクロン大統領も企業を引き連れて中国にやってきています。近隣諸国にミサイルを向けるのではなく、共に経済発展をすることがいかに日本にとっても重要か。政府・メディアを上げて中国批判をしている日本は立ち止まって考えなおすべきでしょう。

欧米の軍事植民地政策の終焉：アジアの富を収奪して繁栄した欧米

――ウクライナ支援でNATO（北大西洋条約機構）とEUは一体となっていますね？

NATOが結束してウクライナに武器を支援するというのは、旧来はありえないことでした。欧州は、かつてはアメリカの行動に対して、倫理と規範の側面からブレーキをかけてきました。今回それが行われなかったのは、ロシアとウクライナの距離的な近さからくる脅威感でしょう。ＥＵはＮＡＴＯと一体ではなく、ＮＡＴＯをリードするアメリカを、欧州の立場から調整する役割も持っていた。

しかし、今回ロシアの軍事侵攻に対し、ＥＵのフォンデアライアン委員長もスウェーデンやフィンランドの首相も皆、中立を捨ててしまったのは残念です。フィンランドはこれまで、ロシアとの関係をうまく調整するため、歴史的に中立を国家が安定的に生き延びる政策として維持してきたのですが、今回、あっさりと捨ててしまいました。ロシアとの間に一三〇〇キロの国境線があるので、ロシア軍がヘルシンキまで来たらどうなるか、という国民の恐怖心が強かったのかもしれません。

国際政治、歴史学者としてはロシアが中立国フィンランドに侵攻することはありえないと思いますが、昨年ポーランドの学会で会ったイタリアの研究者も、もし朝起きてロシアの戦車が窓の外を走っていたら、それはもういかなる立場であっても反対するしかないだろう、と言っていました。戦車でのキエフ侵攻は、プーチンと軍部の最大の過ちだったと思います。

「先進国危機」とアジアの時代

今の時代の特徴を、私自身は「先進国危機」と呼んでいますが、数百年単位の長い目で見ると、二〇〇〇年続いた欧米中心の近代が、今この二一世紀初頭で終わろうとしています。アメリカも欧州もこの「欧米近代」を早期に終わらせないためにどうするのかというところで、今結束しているんだと思います。

二〇〇七年にイギリス人の、オランダの経済学者アンガス・マディソンが長期間にわたる経済統計を編み出しました。マディソンは当時、世界最速のメガコンピューターを使って、世界二〇〇カ国のGDP（国内総生産）を、西暦〇年から二〇三〇年までの世界経済の長期波動について予測しました。二〇〇七年に出された統計ですが、二〇二三年の現在までが非常に正確に計算されているばかりか、二〇三〇年に中国がアメリカを抜く、ということの一、二年に言われ始めたことが、二〇〇七年に予測できています。

この統計によると西暦〇年から一八二〇年までは中国とインドの時代でした。中国とインドを合わせて世界経済の半分を占めていました。紀元後の一八〇〇年間、古代、中世、近世はアジアの時代だったのです。言われてみればそうですね。コロンブスの卵です。シルクロードを通ってアジアの富が欧州に伝わっていく。その後欧州で産業革命が起こり、植民地獲得に出ていくことで、急速に欧州が伸びていきます。アメリカは一八七〇年代まではほぼゼロですね。

　欧州とアメリカの経済は一八〇〇年代以降に急速に伸びますが、第二次世界大戦の後、一九五〇年代からアフリカやアジアの植民地が解放されたことで、再び衰退しアジアが成長し始めます。すなわち、欧米中心の時代は一九世紀初めから二一世紀初めまでの「たった二〇〇年」でしかないんです。これは欧州に大反響を呼び起こし、この経済統計は世界四〇数カ国の言語に翻訳されました。経済統計学が急速にはやり始めましたのは、このマディソンの統計の影響が大きいといわれています。彼はこの統計の結果を見て、「アジアの成長は奇跡ではない。それは過去への回帰である」と言いました。また「アメリカは一九世紀初めまで、全くなんでもなかった」とも。欧州のアメリカ評価が分かる逸話です。

　インドの研究者はこのグラフを見て、「欧米の経済が一九世紀に伸びたのは、（植民地より）われわれの富を奪ったからだ」と指摘しました。「その証拠に、植民地が解放されると再びわれわれは成長している」と。インドと中国の経済はいったん急速に落ち込んだ後、戦後急速に伸びており、二〇三〇年およびその後に欧米を抜くわけです。現在の私たちの意識は九割が欧米に向いていますが、その時代はたった二〇〇年なんです。その二〇〇年の繁栄というのも欧米が自分の力で作ったものではなく、アジアの富を収奪して手に入れたものだったということです。

確かに、欧州では科学技術や航海術や銃器が発達しましたが、彼らが航海術と銃器で何をやったかというと、豊かなアジア・アフリカ・ラテンアメリカの地域に出かけ富を奪ってきたのです。だから、ルーブル美術館や大英博物館に行くと、アジア、中東、アフリカから奪ってきた彫刻や絵画、財宝がいっぱい収蔵・展示されているわけです。この統計は西暦〇年からですが、中国もインドもその前にも何千年かの文明があった。現在、中国もインドも自信とプライドを持って成長しています。

欧米はそれを「戦狼外交」と言いますが、植民地時代、欧米は今のイスラエルの対パレスチナ戦争と同様、銃と、時には細菌のついた毛布をもって、戦争と細菌によって現地の文明を滅ぼし、その地を支配してきた。アジア諸国は、「実はわれわれの二〇〇〇年の貧しさは欧米によって生み出されたものだ」ということを主張しはじめたのです。これが、「ポスト・コロニアリズム」です。イスラエル・パレスチナ戦争を見ていると、一、二世紀遅れて出ている、時代錯誤的な植民地主義によるジェノサイドと入植ではないかと思わざるをえません。

中国の一帯一路が実行するインフラ整備と投資や、インドの「南アジア地域共同」が実行する地域全体の発展とは、隣の国と共に文明を広げていくというアジアの歴史哲学から出てきている豊かさの共有ではないだろうかと思います。大国の台頭と衰退の理由を探究した、歴史家ポール・ケネディの『大国の興亡』という本がありますが、大国がなぜ滅びていくかを歴史的に検証すると、たいていの場合、軍事力を拡大しすぎてそれが維持できなくなって衰退する、ということです。まさに今、欧米が、その影響圏を自分たちの力量以上に軍事力によって拡大し、支配しきれなくなって、衰退していく時代に入ってきているのではないでしょうか。

世界通貨基金（ＩＭＦ）の統計では、購買力平価（ＰＰＰ）ベースのＧＤＰは、すでに二〇一四年に中国はアメリカを抜いて世界トップになっています。アメリカでは二〇一四年に大騒ぎになりましたが、日本ではほとんど報道されなかった。これがアメリカと日本のメディアの違いだと思います。日本では都合の悪いことはメディアに報道させない。その結果、国際認識が世界と大きくずれていくことになります。

購買力平価ベースのＧＤＰが、一〇年、二〇年後の実質ＧＤＰになると、世銀やＩＭＦが言いはじめてから、さらにアメリカは中国に対する経済対立を高めることになり、トランプ時代の「米中経済戦争」を呼び起こしていきました。しかし、アメリカの圧力や経済的封じ込めにもかかわらず、中国は、名目ＧＤＰにおいて、二〇三〇年にはアメリカを抜き、二〇六〇年にはインドもアメリカを追い抜くと、世銀やＯＥＣＤに予測されています。

先にも見たように、中国・インドに続き、あと五〇年もすれば、インドネシアやナイジエリア、パキスタン、エジプト、ブラジルが上位八カ国に入り、日本は一二位ないしそれ以下に転落する予測です。ドイツが日本より上にくるのは、ドイツは移民を入れて労働力を補っていますが、日本はそれができていません。日本は急速な少子高齢化に何の対応も打つことができてこなかった。三つの戦略、①高齢者を活用する、②人口半分の女性力を活用する、③移民を入れる——ということが一〇年来議論されてきましたが、制度の改変が十分でなかったので、いずれも進まないまま、少子高齢化だけが進んでいます。

現在、六五歳以上の人が三割を占めています。二人の大人が一人の高齢者を支える時代です。ところが、四〇年後には六五歳以上が四割以上に増えます。つまり、現在二〇歳の若者が六〇代になるころには、社会の半分が高齢者になる。一人の大人が一人の高齢者を背負う時代になります。労働人口は四〇年後に半減し、二一一〇年には三分の一、二二〇〇年には一千万人、無策のままですと、二三〇〇年には日本が消滅する計算です。

労働力人口を考えると、移民政策が重要になりますが、日本は移民政策として、技能研修制度を始めましたが、東南アジア諸国連合（ＡＳＥＡＮ）の人たちから見ても、日本に行っても賃金は低いし、長時間労働だし、人権無視もあるというので、オーストラリアやアメリカに行ったほうがましだということになります。オーストラリアは賃金も高いですし、ＡＳＥＡＮの中でもタイやシンガポールのほうが働きやすいといわれています。すでにシンガポールは一人当たりＧＤＰでも六位。日本の一人当たりＧＤＰは三二位。シンガポールは日本より圧倒的に高いのです。一人当たりＧＤＰは一番庶民の生活感覚に近いですが、世界第三位のＧＤＰを持ちながら、一人当たりＧＤＰが三二位というのも、企業や政治家がため込み、国民に還元されていない実態をも示しています。

アベノミクスの結果、トヨタなど大企業の収益が上がりましたが、大企業の多くはその収益を内部留保して賃金に還元していないのです。長期に続いた自民党政治の、イノベーションや国民への還元を無視した政策の結果といえるでしょう。中国は賃金がここ五年間で二倍以上になっています。韓国もここ三〇年で二倍に上がっています。日本だけがここ三〇年横ばいないし減少しており、今は韓国より平均賃金が三〇〇〇～四〇〇〇円安いとされています。そのうえ、アベノミクスのおかげで非正規雇用が大幅に増え、雇用者の四割、二一〇〇万人が非正規雇用者で、貧困格差が拡大しています。「一億総中流」といわれた時代から三〇年たって、今では「一億総下層」と言っていい国になりました。他方で二〇〇〇万人以上の所得層は増えているのです。

世界第三位のＧＤＰと三二位の一人当たりＧＤＰを並べてみると、国及び企業が、人口の半分を非正規雇用者にして儲け、また正規雇用も三〇年賃金を上げずに儲けている状況が明らかです。世界が評価した日本の労働生産性は、三〇年にして、低い労働生産性と過重労働、過労死の国に転落しつつあります。早急な労働・賃金・移民改革が求められます。

日本は誰のために防衛力強化とミサイル配備を進めるのか

――ウクライナ戦争について、ウクライナを「善」、ロシアを「悪」と決めつける短絡的な論調が日本では支配的ですね？

二〇二三年五月、日本の国会でゼレンスキー大統領がオンラインで演説しましたが、自民党から共産党まで、れいわ新選組を除くすべての政党がゼレンスキーを絶賛し、スタンディングオベーションをやりました。このとき、参議院議員の高良鉄美さん（沖縄社会大衆党）は棄権しました。棄権の場合は議場から出ていかなくてはなりません。一番後ろにいた高良さんは議員全員の周囲を通って議場を後にしましたが、周り中から「売国奴」とやじられたそうです。あのときの国会はまさに大政翼賛会になっていました。

あるリベラル派の知識人は説明も分析もせず、「プーチンはナチスだ」と新聞に書きました。ナチスとはどういう定義で言っているのか、ハーケンクロイツを付け東部のロシア系ウクライナ人を殺しているのはアゾフ隊など西ウクライナ政府の傭兵ではないか。それは国連やEU、日本の公安調査庁（後に削除）まで、二〇二二年の前には明らかにし批判していたことではないのか。もちろん、プーチンがキエフまで戦車を出して制圧しようとしたことは、ハンガリー動乱やプラハの春と同様、時代錯誤の軍事主義ですが、五六年のハンガリー動乱や六八年のプラハの春のときでも、ソ連軍を「ナチス」と言って非難はしなかった。

歴史的用語を、説明もつけずに間違ったレッテルを張るやり方は、政治学者として大変違和感があります。そうした人々が、毎回テレビに呼ばれ、客観的多面的分析を主張している人たちがはじかれ攻撃されるのを見ていると、明らかに政治的な圧力が背後にあるのを感じます。今、ゼレンスキーの人気が落ちてきており、アメリカの支援が止まりつつあり、停戦の動きが見えてきているとき、ウクライナ戦争とロシアの問題は改めて客観的多面的に議論されるべきでしょう。

二〇二二年二月、ロシアによるウクライナ侵攻が始まった翌月に、NHKの日曜討論に呼ばれました。ちょうどアメリカの国際学会から帰ってきたところでしたので、アメリカで議論になっていたことをそのまま発言しました。その学会ではロシアの侵攻に対し賛成と反対の両方の意見の人がいましたが、「トルコが仲介した停戦の要求は受け入れるべきだろう」という研究者が、アメリカ人、ウクライナ人、ロシア人問わず多数を占めていました。帰国後、番組で「問題を客観的に見なければならない、ロシアもウクライナも、トルコの停戦要求を受け入れようとしている」と発言しました。

また、ウクライナで五〇〇万人の難民という話が出て、「シリアからも五〇〇万〜六〇〇万人の難民が出ている。現在世界の難民は八〇〇〇万人を超えている」と言いましたら、それも含めて、「ロシアとウクライナを同列に扱う研究者がいる、NHKに出すな」という声が視聴者から上がったようです。政治的圧力なのか、単なるネトウヨなのか分かりませんが、アメリカの学会での自由な討論と比べて、日本のマスメディアとネトウヨ的な視聴者による「客観的な見解叩き」の異常さを感じました。

しかし、その後、テレビ朝日の「朝まで生テレビ」で、停戦要求の重要性について語らせていただいたんですが、他方には片山さつきさん、元防衛大臣の森本敏さん、航空自衛隊の小原凡司さんなどがいたにもかかわらず、最後の視聴者のアンケートでは「停戦支持」が六割を超えました。その頃からマスコミの論調も、停戦のほうに舵を切り始めたようにも思います。

日米協会の藤崎一郎会長、元駐米特命全権大使は、講演で次のように言われました。「アメリカは大統領が変わると一八〇度政策や戦略が変わる。二大政党制なのでそれが当たり前。日本は、アメリカの大統領が変わると、同じ政権であっても、それに応じてすべて変えなければならない。日本は大変です」と。日本の政権は、日米軍事同盟により独自の戦略を打ち出せないのかもしれない。

しかし、今の日本のメディアは情けない。アメリカや欧州のメディアは少なくとも政府を批判し、アメリカを批判する論調を書くことで叩かれることはない。しかし、日本のメディアは「国民の側に立って政府を客観的に分析し批判する」のでなく、政権とアメリカに忖度しすぎているように思われます。

今回、安倍派のパーティー券の還流に端を発して、政権の裏金操作にメスが入ったことはあっぱれだと思います。経済政策や税制批判だけでなく、外交で政府やアメリカを客観的データに基づき批判することをめざせればと思います。オスプレイ墜落事故の件についても、本来は国民の命や社会の安全にかかわる問題であっても、アメリカが言っていることを批判することができない。

今、沖縄の地位協定についても、ドイツやイタリアと比較して日本にはまったく主権がないことが批判されていますが、そろそろ政府、メディア、知識人、自治体、市民から、現状を変えるべく声を出していかないと、日本は本当に限りなく萎縮していくように思います。市民の健全な批判精神を育てること、若者を育てること、良心的メディアを育て連携すること、これらが急務だと思います。

――一〇月中旬にフランスのル・モンド紙が、「今年六月に始まったウクライナの反転攻勢は失敗に終わった」と報道しました。

六月に始まったウクライナの反転攻勢は秋になっても膠着状態でほとんど進まず犠牲だけが増えています。現場の総司令官ザルジニーは、そろそろ停戦を考える時期に来ている、と言い、ゼレンスキーは強く反対し、今まで通り「ロシアが出ていくまで戦闘を続ける」と言い続けています。しかし、現地にいるメディアからの情報でも、ウクライナ国民の間にゼレンスキーへの不信感が高まり、ザルジニーの意見を支持する人々が増えているといわれます。来年の大統領選挙では、ゼレンスキーが再選されるかどうかは不確かで、ザルジニーの人気が高まり、またアメリカのウクライナ支援の継続にバイデンが成功しなかったため、米欧の間にゼレンスキー降ろしが始まるかもしれないともいわれています。

ウクライナを全面支援していたポーランドが、ポーランド経由の穀物輸出に反対し、ウクライナとの国境線をトラックで封鎖している。また二万人近い脱走者が、モルドヴァを超えてヨーロッパに逃げているともいわれます。総崩れする前に停戦をまとめ、トルコないしはEUを仲介に立てて、停戦交渉が始まるかもしれません。イスラエルとパレスチナ戦争はアメリカにとっても予想外の展開で、現在アメリカとイスラエルが国際社会で孤立している状況にあり、ウクライナ支援をこれまで通りまとめることは、国際社会においても、アメリカ国内においても、日本においても難しくなりそうです。

イスラエル・パレスチナの紛争が、今年一〇月のハマスの攻撃に始まったのではないこと、「ハマスのテロ」よりもイスラエルのジェノサイドのほうが何百倍も国際法に違反し、人道的にも許されないことを行なっているということ、ガザの人々を繰り返し大量のミサイル爆撃で殺していること、そのイスラエルにアメリカは武器や弾薬や大量の支援金を送り、停戦を国連安保理一五カ国中一三カ国が賛成している中、アメリカが拒否権を行使して葬ったことは、今や世界万人が知っていることです。

ウクライナについても、アメリカはロシアが侵攻するずっと前から関与しています。アメリカのウクライナに対する関与は、二〇一三年一一月末から二〇一四年にかけての争乱とユーロマイダン革命から始まっていました。二〇一四年二月に「マイダン革命」が起きて、親ロシア派のヤヌコヴィッチ大統領が亡命し、その後クリミアでの国民投票と独立、ロシアへの編入が起きた。

その年の六月にはウクライナでマイダン革命を支持するポロシェンコが大統領に選ばれ政権に就いて、東部二州に対し、ドンバス内戦(2)を始めました。そのとき以来ポロシェンコ政権は、アメリカに強く武器供与を求めていきます。ゆえにアメリカのウクライナへの武器供与はオバマ政権時代、バイデンが副大統領だったときから始まっています。二〇一四年、ロシア侵攻の八年前からです。

当時、メディアはウクライナのマイダン革命について、ウクライナ東部のことは十分報道しませんでした。二〇一四〜一八年にかけて、独立を要求するドンバス二州に対し、ウクライナ政府が内戦の攻撃を始め、一万五〇〇〇人近くが殺されました。そのうち一万人以上が、東部の親ロシア派のウクライナ人でした。マイダン革命以降、西ウクライナ政府は、アメリカの武器で東部ウクライナの人たちを一万人以上も虐殺していた(3)。

ロシア・ウクライナ戦争は、ロシアによるウクライナ侵攻ですべてが始まったのでなく、マイダン革命とその後のウクライナ政府の東ウクライナへの攻撃、それもアメリカの武器による攻撃によって始まったのです。イスラエルのパレスチナ爆撃と同様です。そしてそれは現在に至るまで続いています。

日本と東アジア情勢

日本政府は二〇二二年一二月、日米安全保障協議委員会（日米「2＋2」）を開催し、日本の防衛力強化と相手国のミサイル発射拠点を攻撃する「敵基地攻撃能力」を持つと宣言しました。「敵基地攻撃能力」というのは相手国がミサイル攻撃の準備をしたら先に攻撃するという「先制攻撃論」です。

これまで日米安保条約における日米同盟の原則は、日本の憲法九条を踏まえ、アメリカが矛、日本が盾、すなわち専守防衛で、攻撃はアメリカに委ねるという立場でした。いわゆる「有事の際にはアメリカに守ってもらう」です。しかし、「2＋2」では、日本は矛と矛となることを提案しアメリカに歓迎されました。この危険性を、場合によっては日本政府も、ましてや国民も知りません。少なくとも国民は、矛になって一緒に戦うけれどもアメリカは守ってくれる、と思っているようです。

NATO拡大を研究してきた研究者として、それは間違いであると断言できます。矛になるということは、アメリカに代わって、戦争に自分たちが出ていくということです。

NATOの東方拡大の際、まず一九九九年にハンガリー、ポーランド、チェコが、NATOに加盟しました。三国はこれでアメリカがロシアから守ってくれる、我々はヨーロッパに帰ってきた、と喜びましたが、その二週間後にはNATOのコソヴォ空爆が始まり、三カ国は戦争に参加することを要請されました。二〇〇四年に東欧七カ国がNATOに加盟したときも、有志連合としてイラク戦争に参加することを強いられました。

イラク戦争で多くの戦死者が出たとき、ブルガリアやルーマニアでデモが起こると、アメリカは、「NATOや有志連合は、仲良しクラブではない、軍事同盟に参加するということは戦争に行くということだ」と言ったのです。

日本も攻撃の一部を担うという日米の役割分担を大きく変えたのが「2＋2」です。「先制攻撃論」はきわめて危険です。中国、北朝鮮、ロシアがなぜ日本を攻撃しないかというと、日本に憲法九条があるからです。日本は戦争に対して中立国だからです。攻撃したら国際法違反です。ロシアも中国も絶対に攻撃できない。しかし、先制攻撃を掲げ、ミサイルを配備すれば状況は異なってくる。攻撃してもよいことになるのです。日本は太刀打ちできるでしょうか。

北朝鮮は一万五〇〇〇キロの射程を持つ大陸間弾道ミサイル（ＩＣＢＭ）を打ち上げています。射程一万五〇〇〇キロということは、アメリカ全土と欧州全体が入るわけです。北朝鮮のミサイルは日本上空の宇宙空間を飛んでいくのですから、日本がターゲットになるはずがありません。中国もロシアも北朝鮮も日本を敵だと思っていないんです。相手はアメリカです。「2＋2」はアメリカの意向で決められたものです。日本は自国を攻撃するのではない近隣核大国に対して、わざわざアメリカを守る盾になるために防衛費を拡大し、沖縄や東北地方にミサイルを配備して東アジアの緊張を高めているのです。

東アジアの地図を九〇度西にひっくり返すと、日本はアジアの端っこにある島々には見えません。中国とロシアと北朝鮮に「蓋をする防波堤」です。何の防波堤かというとアメリカに飛んでいくミサイルを止める防波堤です。ミサイル防衛システムのイージス・アショアやイージス艦を配備し、日本上空というより天空を飛んでくる相手国のミサイルを日本のミサイルで撃ち落とすという計画です。

学術会議の物理学の専門家の話ですと、核ミサイルの場合、天空で破壊するとより広範な地域に放射能を帯びた破片が撒き散らされながら落ちてくることになるそうです。ミサイル一基で日本列島に放射能の雨が降り注ぐことになります。それも日本を狙って飛んでくるミサイルではなく、アメリカに向けて発射されたミサイルです。アメリカを守るために日本は盾となって撃ち落とす役割を進んで担うことになるのです。

沖縄の方々の話によると、米軍は今、続々と沖縄からグアムに撤退しているそうです。韓国からも撤退するという話がありましたが、米軍が撤退するというのは戦争が始まる合図です。米軍は自国の兵士をできるだけ殺させないために撤退する。アメリカ軍が撤退した分を自衛隊で補おうとしていますが、自衛隊からも若者がやめていっている。戦争には参加したくないからです。それを沖縄の人たちで補おうとしている。戦争が嫌いで平和を願う沖縄の人たちを、戦争を望むアメリカと日本政府が戦わせようとしているのです。

そうした中、「沖縄を二度と戦場（いくさば）にしない」「沖縄を平和のハブにする」と、沖縄の人たちが立ち上がっています。沖縄では、女性や若者も多くが立ち上がっています。

戦争になれば沖縄が犠牲になる、それは二度と許さない。「ぬちどぅ宝（命こそ宝）」を掲げる沖縄の一万人集会に、全国の自治体が賛同し、合流しています。

米軍は後方に退き、台湾と沖縄に代理戦争をさせようとしています。岸田政権は今、二〇二四年までに一〇カ所地下司令塔をつくる、地上が荒廃しても地下から司令を続けられるように、と言っていますが、国民の犠牲を考えていません。中国は、台湾が現状維持ならば一〇〇年待てる、しかし台湾が独立を宣言するときには軍を出さざるをえないと言っています。アメリカは、では台湾に独立を宣言させようと考える。

台湾でも、国民の八割は独立ではなく現状維持を望んでいるという世論調査の結果が出ています。台湾のアイドルや企業家などはより大きな成功を得るためにも中国本土に出かけて活動をしているそうです。中国本土には一四億の市場があるわけですから。台湾としても企業が成長し発展していくためには、中国との関係を強化することに利がある。東アジアでは誰も戦争は望んでいません。望んでいる人は戦わず望んでいない人たちに戦わせる。これは大きな

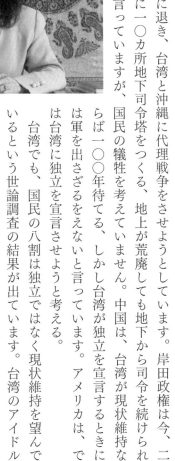

矛盾です。

しかし、何らかの事故が起こって「台湾有事」が勃発する可能性もあります。アメリカの軍事シミュレーションでは、もし、中国と戦争になったら、アメリカは何度やっても負けるという結果が出ているそうです。元外交官の孫崎享さんによると、一八回シミュレーションをやって、その結果、米軍は一八回敗北したそうです。だから、米軍は戦わず、日本（沖縄）と台湾が中国と戦って、それぞれが疲弊すればそれでいいわけです。第二次大戦と同様、ドイツとソ連を戦争させ、双方を疲弊させて、西欧が漁夫の利を得ればよい。この米欧の兵法を私たちも認識する必要があります。アメリカのために、必ず負ける戦争で中国と戦うべきでしょうか。それでも出ていくなら特攻と同じですが、日本はそれを沖縄にやらせようとしています。

地政学的に見れば、東アジアは欧州からもアメリカからも遠い。ウクライナは欧州であり、ロシア国境と直接接しているので、恐らくロシアは核を使えないと思います。NATOも欧州のすぐ隣では核は使えない。しかし、東アジアであれば戦術核を使っても、東アジアが被爆するだけですから欧州もアメリカも安泰です。東アジアで戦争が起これば、ウクライナより悲惨になる可能性が高いです。パレスチナと同様です。

こうした中で、日本政府がミサイルを配備し地下司令塔を作り戦争準備を始めるというのは、日本国民にとって何の利益もありません。いったん戦争が始まり、戦火が拡大すれば、極東のウラジオストクから朝鮮半島、北京、上海、福建省など中国の経済圏がすべてその中に入ります。漁夫の利を得るのはアメリカと欧州です。北朝鮮でチェルノブィリ級の核爆発が起こるだけで、東アジア経済圏は壊滅する可能性があります。

アメリカは「六年以内に中国が台湾を攻撃する」と言っています。なぜ六年以内なのか。イギリスのシンクタンクの予測によると、中国の経済がアメリカを抜くのが六年後の二〇二八年。アメリカが中国に追い越される前に戦争が起こるということです。中国は非常に慎重で、ロシア・ウクライナ戦争も、パレスチナ・イスラエル戦争も見てきていますから、決してアメリカと戦争を起こしたくない。だから日本は「先制攻撃」と言っている。もし台湾が中国から独立宣言をし、日本が先制攻撃をしたら、戦争が始まらざるを得ない。これをいかに避けるか、が、私たち「沖縄を平和のハブに！」の最大の課題です。

グローバルサウスと連携しての新国際秩序

――ウクライナ「停戦」に向けての活動は今後、どのように展開されますか？

ハマスとパレスチナの対立の中でウクライナ戦争の問題点が徐々に見えてきているよう

な気がします。アメリカでも欧州でも「ウクライナ支援疲れ」が出てきています。ロシアに対する経済制裁はブーメランのように、エネルギー高騰となって、ドイツ、フランスなど欧州を襲っており、欧州各国は大幅なインフレに苦しんでいます。ウクライナを支援すること自体が欧州経済の負担になってきています。日本でも二〇二三年度から五年間の防衛費を総額四三兆円にするという政府の方針が結果的に、社会保障を削り、国民生活を圧迫することは明らかです。

一一月に入って、ウクライナ軍のワレリー・ザルジニー総司令官が英国エコノミスト誌に、「戦線はお互いに塹壕戦に入ったので、より多くの人的・物的な資源を持つロシアが有利になる」と「戦局の膠着」を認め、停戦もありうるとする寄稿記事を発表しました。ゼレンスキーは大慌てで否定しましたが、時すでに遅しです。そのうえ、ゼレンスキーの側近だったアレストヴィッチ元大統領府顧問が、ゼレンスキーを「独裁者」と批判し、「ウクライナのNATO加盟を条件に、ロシアと停戦し、占領されている領土を、軍事的にではなく、政治的手段で取り戻す」と明言しました。「政治的手段」とは「話し合い」のことであり、イスタンブールで中断していた「停戦交渉」の再開を意味すると考えられます。ウクライナ軍の中にも停戦を歓迎する声が出てきています。

ゼレンスキーは次の大統領選挙で敗北する可能性もあるとささやかれており、ザルジニーが大統領選挙に立候補するともいわれています。また、沿ドニエストルのモルドヴァの国境から、二万人近い兵士が脱走しているとも伝えられます。アメリカがウクライナに武器を送ることができなければ、ウクライナも戦闘を続けられません。早晩、停戦交渉が始まるのではないかと考えられます。停戦をまとめられるのは中国かトルコですが、それにアメリカが従うとは思えません。

ウクライナは東部に鉄鋼、石炭、原子力、宇宙産業、兵器工場など重工業が集中しています。ウクライナ西部中部だけでは経済は成り立ちませんし、地政学的にもアメリカNATOが抑えたいのは東部重化学工業地帯です。ただ現在の力関係では、東部を奪還するのはほぼ不可能でしょう。そうなったとき、西部だけのウクライナというお荷物をEUやNATOが加盟させるかという問題も浮上してきます。ポーランド、ハンガリー、スロヴァキアなどからは自民族のマイノリティ地域を要求する動きも出てくるかもしれません。

――グローバルサウス諸国の中で「停戦」に向けた動きはありますか?

グローバルサウスはウクライナ問題については穀物の輸出の問題もあるし、資源とか、黒海の海運業の通過権の問題もあります。トルコは早期の停戦と安定化を求めています。トルコは既に二〇二二年三月に停戦交渉の仲介に動いていました。トルコ案には東部ウクライナ二州の帰属は住民投票で決めるという、ミンスク合意(4)に基づいた提案、ウクライナの中立案もありました。

これだけ戦争で数十万人という死傷者を出してしまったので住民投票を行なっても人口構成がどうなるか予想がつきませんが、クリミア半島とウクライナ東部のいくつかの州は戦後復興という点でも、ロシア領になる可能性もあるかもしれません。経済制裁とノルドストリーム爆破、武器支援などで大きな被害を被った欧州が破壊されたウクライナを再建する予算を出すことについては拒否する国が多いのではと思います。経済制裁で一番影響を被ったのは欧州だからです。

また、この戦争で一番犠牲となったのは、双方から攻撃されたウクライナ東部のロシア系マイノリティでした。最大の犠牲を市民に押し付ける戦争は、もうやめるべきです。ウクライナ戦争も、パレスチナ戦争も、どちらも停戦を実現するべく全力を尽くしましょう。そこに住む市民の願いに基づいた再建がなされるべきで、植民地主義的に大国が決める政治はもうやめなければなりません。とりわけアメリカが遠くの領土の主権や正義を決める時代は終わったことを認識する必要があると思います。

――ウクライナ戦争では、欧州安全保障協力機構（ＯＳＣＥ）が停戦監視に入った「ミン

スク合意2」に戻ったらいいと思うのですが？

ＯＳＣＥは、欧州、中央アジア、北米の五七カ国が加盟する世界最大の地域安全保障機構です。安全保障を軍事面からではなく、対話と和解、経済や環境、人権・人道を包括的に捉えて活動する民主化支援のための監視機関です。ミンスク合意に基づいてバッファゾーン（緩衝地帯）を設定し、停戦監視活動に入りましたが、ウクライナ側が再び攻撃を開始したため、反故になってしまいました。

ロシアはミンスク合意に基づく解決を望んでいました。私はバッファゾーンに国連平和維持活動（ＰＫＯ）を投入して戦闘を止めることを提案してきました。ＯＳＣＥは軍事力を持っていません。ＰＫＯによって国連中立軍が入ることによって止めるしかありません。国連のＰＫＯが軍事力を持って紛争地帯に入って成功した事例はいくつかあります。しかし、もしウクライナ政府がザルジニーの言うように停戦に入るという合意ができるのであればＯＳＣＥの監視団でも問題がないように思います。ＯＳＣＥが機能しなかったのは、ウクライナ側がミンスク合意を破って戦闘を再開したからです。

一方、イスラエルは長年、「戦争犯罪」や「人権問題」で国連の勧告を受けていますが、無視してきました。一二月九日、国連事務総長グテーレスは、一万七〇〇〇人以上の民間人が殺されそのうちの多くが女性と子どもで、さらに現在ガザ南部も爆撃が一月まで継続されるというネタニヤフの発言の中、一〇〇カ国を超える共同提案として、国連事務総長初の即時停戦を安保理一五カ国に訴え、一三カ国が賛成、イギリスが棄権、アメリカが拒否権を発動して否決されました。これほどのジェノサイドが行なわれる中、アメリカが拒否権を発動するということに対し、アメリカ国内でも特に若者たちからパレスチナ支持が高まっていますし、世界でアメリカへの失望が広がっています。

ハマスの攻撃を機に、ガザからハマスを一掃し、安全保障のための占領と統治を実現しようとしたイスラエルですが、短期間に二万人近い民間人の大量無差別殺戮を繰り返し、特に、二四ある病院を全滅させ、国連代表が経営する学校を破壊して国連職員も一〇〇人以上殺害し、子どもや乳幼児を殺し重病患者を放置させたジェノサイドを繰り返すイスラエルと、それを支持し拒否権を発動したアメリカは、世界的に孤立する可能性があり、予断を許しません。

しかし、重要なことはこれ以上大量に民間人と子どもたちに犠牲が広がることを止め、即時停戦を実現する方策を国連と共に見出していくことです。パレスチナにおいて、イスラエルがあまりにも非人道的にガザを攻撃し続けるのであれば、むしろイスラエルのほうが孤立しパレスチナを去らざるを得ないような可能性も出てくるのではないでしょうか。

今回のガザの無差別攻撃でイスラエル建国の足元が揺るがされる可能性があります。一九四八年五月にイスラエルが建国を宣言する以前は、パレスチナはアラブ人の地であったわけですから。国際世論が盛り上がって最終的にガザが勝利すればイスラエルは再びディアスポラ（民族離散）になるかもしれません。ここまで公然と大量にジェノサイドを続けた例はなく、世界の二一世紀の歴史はこうした蛮行を許さないと思います。ガザを潰しても周り中アラブの国です。だからこそ、イスラエルは生き延びるためにも「平和共存」を考えるべきです。

先ほど、アンガス・マディソンの経済統計に触れて、この先、欧米は衰退に向かうという話をしましたが、今やアメリカが強力なのは、資本主義でも民主主義でもありません。軍事力と情報収集力だけです。アメリカはロシアに続き、中国を孤立させ追い落とすことでアメリカの覇権を維持しようとしていますが、日本はアメリカに義理立てして、その軍事覇権に追随していくことでいいのでしょうか。

資本主義と民主主義という価値観の根幹において衰退しつつある欧米は、新しい「国際秩序」に取って代わられようとしています。その中心にあるのが、新興経済国のＢＲＩＣＳ、Ｇ20、グローバルサウスです。アジア・アフリカ・ラテンアメリカの第三世界、すなわち二〇世紀における途上国とみなされた旧植民地の国々です。ウクライナ戦争が始まり、欧米がロシアや中国を「専制国家」「敵国」と批判して排除しようという動きが出ていますが、反対に、グローバルサウスの中には自国の利害が欧米の利害に即さないと考え、欧米の価値観に見切りをつける国が増えています。

グローバルサウス諸国はアメリカを反面教師とし、「平和、経済発展、周辺国との地域協力」という三点を掲げて「新国際秩序」を形成しつつあります。二一〇〇年には、グローバルサウス、いわゆる新興国は世界の八割を占めているでしょう。それは、以前のような「貧しい三分の二」ではなく、平和と繁栄を望み、世界経済やＩＴ／ＡＩを引っ張っていくインドや中国、ＡＳＥＡＮ諸国などアジア、アフリカ、ラテンアメリカの総称となるでしょう。

日本は先進国の一員であるとともにアジアの一員でもあります。アジアが世界の平和を引っ張っていこうとするとき、アジアと先進国をつなぐ役割として、戦争を放棄し外交と対話で問題を解決するべき憲法を持ち、原爆を体験した日本ほどふさわしい国はありません。日本はアメリカに追随するあり方を脱し、Ｇ７とＧ20、それにグローバルサウスを結ぶ架け橋となるべきでしょう。その際、日本は中国とともに、戦争ではなく和解と平和友好を掲げ、沖縄をミサイル基地ではなく、平和と繁栄のセンターとしてアジアと世界を共同で発展させていくことが最も大切だと思います。

(1)二〇一三年に中国の習近平主席が「中国の夢」として唱えた、西安から欧州に至る地球を半周する広域経済圏構想。陸路の「シルクロード経済ベルト」(一帯)と海路の「二一世紀海上シルクロード」(一路)からなる。一〇周年の二〇二三年現在、一五〇カ国が加盟している。

(2)二〇一四年のマイダン革命と、クリミアでの住民投票とロシア併合後、ウクライナ東部のドネツク、ルガンスクの二州が自治共和国を宣言し、住民投票とロシア併合を要求したこともあり、ウクライナ政府との間で内戦が始まった。

(3)ウクライナ・マイダン革命の分析については、羽場久美子『ヨーロッパの分断と統合—包摂か排除か』(中央公論新社、二〇一六)第10章「ウクライナ—EU・NATOとロシアのはざまで分裂する国家」および松里公孝『ウクライナ動乱—ソ連解体から露ウ戦争まで』(ちくま新書、二〇二三)参照。

(4)ウクライナ、ロシア、ドネツク・ルガンスク人民共和国が調印した、ドンバス内戦の停止についての合意文書。二〇一四年と二〇一五年の二度にわたり、ドイツのメルケル首相とフランスのオランド大統領が仲介し、停戦のほか、地方選挙の実施や外国人傭兵の撤退、非集権化憲法の改正などで合意したが、失敗した。二〇二二年一二月、メルケル前首相は「ミンスク合意はウクライナに時間を与える試みだった」と、アメリカや西側諸国によるウクライナへの軍事支援を批判している。

第2章

talk

アメリカが変わらなければ世界は混乱に向かう

西谷 修
にしたに・おさむ／フランス哲学者、東京外語大学名誉教授

世界に「正義」を示すために命を捨てる

今回、ガザに拠点を持つイスラーム組織のハマスが、なぜこの時期にイスラエルに最大規模の攻撃をしかけたのかということはあまり論じられませんが、明らかにウクライナの戦争と関係があるでしょう。昨年末にネタニヤフ氏が政権に復帰し、イスラエル史上最も右寄りのタカ派内閣ができました。この政府は、ヨルダン川西岸地区でイスラエルの入植地を拡大し、イスラエルに併合していく方針をとっています。そして最近では入植者が発砲し、それに呼応してイスラエル軍が急襲し、今年に入ってから多数のパレスチナ人が殺

されています。

ところが、国際社会の目はウクライナに向いていて、パレスチナの状況悪化はほとんど注目されず、全世界で見えなくなっていました。暫定自治政府は何もできない。そこで、ハマスはもう大きな反撃に出るしかない状況に追い詰められていたのでしょう。けれども「勝つ」展望などありません。手製のロケット弾を一日に数千発打ったらもうほかに手はないわけです。そこでイスラエルに拘束されている仲間を解放させるために人質をとる、ということもやった。けれども、これまでもイスラエル人に一人死者が出れば、パレスチナ側は一〇〇人は殺されています。だから大規模な攻撃に出れば何万人も犠牲者が出ることは分かっている。イスラエルは戦闘員と市民の区別などしませんから。みんな「テロリスト」の仲間です。それでもハマスはやった。

イスラエルがハマス拠点のガザ地区の殲滅戦に出ることも分かっていたでしょう。そのとき、レバノン南部のシーア派イスラム組織ヒズボラや、それを支援しているイランがどう動くかとか、そういうことも考えながら決死戦をしかけたわけですね。だから私は今回のハマス襲撃は、一九七二年のミュンヘン五輪襲撃事件と同じようなものだと思っています。実は、一九七〇年九月にヨルダンで起きた内戦で難民キャンプが襲撃され、イスラエルに後押しされたヨルダン軍による大虐殺がありました。それで、ミュンヘン襲撃事件を起こしたグループは「黒い九月」を名乗ったんです。実際、イスラエルに対して武力で勝てるわけがないんです。それでもなぜやるかというと、自分たちが全滅しても、世界に対して「パレスチナを見よ！」と示すことができるからです。

あにはからんや、イスラエルはハマスを殲滅するとしてガザに「最終戦争」をしかけてきた。その惨状は今私たちが日々見ているとおりです。世界のメディアは、初めハマスの襲撃を非難しましたが、ガザの惨状も伝えないわけにはいきません。そして、それを今、国際社会も世界の人びとも目の当たりにして、「ガザを、パレスチナ人を救え」と大合唱しています。

そもそもハマスが台頭してきたのは、第二次インティファーダ（アル・アクサ・インティファーダ、二〇〇〇〜〇五年）のときです。インティファーダは民衆が石を投げて蜂起したわけですが、それを支えたのはハマスで、もともとは占領下の地域住民の福祉や医療などを担ってきたムスリム団体でした。ただし、パレスチナ自治政府を担っていたPLO系のファタハと違ってイスラエルを認めておらず、独自の軍事部門を持っていました。それでも二〇〇六年のヨルダン川西岸とガザ地区で行なわれた自治評議会選挙では第一党に選ばれました。ところが、国際監視下で行なわれたこの選挙結果をイスラエルも米欧の西側諸国も認めませんでした。その結果、ファタハとの間の抗争も起こりますが、結局、ハマスはガザ地区のみを統治下に置くことになりました。メディアは「ハマスがガザ地区を実効支配している」と表現しますが、西側が認めないと「実効支配」といういかにも暴力的に統治しているかのような言葉を使います。しかし、ハマスはガザの民衆に選ばれているわけです。それを非合法だとか、暴力的に支配しているとか西側は言ってきました。しかし「保健当局」というのもハマスの「政府組織」なわけです。もちろん、いつもイスラエルと小競り合いを起こすハマスを誰もが支持しているわけではないし、迷惑ならず者と嫌っている人もいるでしょう。けれども、ハマスの要員はいつも「天井のない牢獄」と言われるガザの（あるいはヨルダン川西岸の）生活から生まれてくるのです。

その意味ではガザには元来、一般市民なんていないんです。保護してくれる政府を持てない事実上の難民ですから。イスラエルは「ハマスを潰す」と言ってガザに侵攻しました。イスラエルにとってガザはハマスの生け簀のようなものです。だから、その生け簀を潰す。それが今回の「戦争」です。イスラエルはそれを「自衛権」の行使だと言っていますが、自分たちが作り出した難民――それがパレスチナ人ですが――を、「テロリスト」と名指すネズミ退治の巻き添えにして「駆除」する権利など、どの国にもないでしょう。

かつて「第三世界」と呼ばれた、旧植民地から独立した国々は、今ではもうアメリカやイスラエルの言うことは信用していないようです。イスラエルを非難する国連決議が出るたびに「拒否権」を使って反対するのはアメリカですが、今やアメリカと歩調を合わせるのはイギリスと元イギリスの信託統治領だった太平洋の島国、せいぜい十数カ国です。

日本は石油が必要ですから前々からアラブ諸国との関係を大事にしてきました。それがブッシュ政権が始めた「テロとの戦い」以降、小泉政権以降ですね、アメリカべったりになり、外務省の中でもアラブ系の外交官が干されたようです。さらに、安倍政権はイスラエルとの経済関係を深化させ、武器の共同開発なども始めました。しかし、さすがに外務省もちょっとやりすぎだと思っていたのではないでしょうか。

今回、国連総会でハマスの責任を明記したカナダ提出の決議案に、日本はアメリカやイスラエル、イギリスとともに「賛成」に回りました。一方、ハマスの責任を明記しなかったヨルダン案には、アラブ諸国や中南米、中国、ロシア、インドネシア、タイなど一二一カ国が「賛成」し、アメリカやイスラエルなど一四カ国が「反対」に回りましたが、日本はアメリカに追随せずに「棄権」した四四カ国に入りました。

ドンバスはパレスチナと同じ状況

二〇二二年にウクライナ戦争が始まり、ロシアに経済制裁を行なったアメリカと欧州連合（ＥＵ）は石油輸出国機構（ＯＰＥＣ）に増産するよう圧力をかけました。ロシアからの原油や天然ガスがストップしたからです。しかし、サウジアラビアは最終的に拒否しました。アメリカの言いなりにならない、サウジアラビアはそういう姿勢をとり始めています。そうすると長期的にはイランと睨み合っていても仕方ありません。それにロシアに恩を売っておいたほうがいいということもあるでしょう。結果としてアメリカとＥＵが孤立する事態になっている。

今、ポーランドにウクライナからの避難民が一〇〇万人近く残っているようですが、ＮＨＫのニュースではそれが世界で二番目に多いと伝えていました。では難民が一番多いのはどこかというと、ロシアなんです。ドンバス地方のある東ウクライナから二三〇〜二四〇万の避難民がロシア側に渡っています。実は、ドンバス地方はパレスチナと同じなんです。ウクライナの現政権はもともと西ウクライナ系で、西側諸国に支えられていて、イスラエルに似ており、ドンバスを支援していたロシアはアラブ諸国に当たると考えればいいでしょう。

二〇一四年一月の「マイダン革命」で親ロシア派のヤヌコヴィッチ政権が倒れた後、ウクライナ政府がロシア語を公用語から外し、ドンバス地方で八割を占めるロシア語話者の弾圧を始めました。しかも、ロシア語を公用語から外すその前に、ドンバスでキエフ中央に対する反対運動やデモが発生した際、第二次世界対戦中にナチスに協力したバンデラ主義者らが武装し、クリミアやドンバスで大暴れしました。そのとき虐殺やレイプが起きています（こういうのはソ連やユーゴ崩壊後の民族紛争のときからです）。

「マイダン革命」にはユダヤ系ウクライナ人のヴィクトリア・ヌーランド米国務次官補（当時。現国務次官）と米中央情報局（ＣＩＡ）が絡んでいます。特にヌーランド氏はバイデン副大統領（当時）の下、米大使館でマイダン革命の陣頭指揮を執っていました。今のウクライナ戦争は二〇一四年のそのあたりから見ないと話になりません。

ドンバスがメチャクチャなことになったので、ドイツとフランスが音頭を取って二〇一四年九月にミンスク議定書が交わされ、ドンバス地方の戦闘の停止に合意しますが、ウクライナは守る気がないので、翌年二月に「ミンスク２」を交わします。けれども結局、戦争状態はずっと続きました。一方、アゾフ大隊は国軍に編入され、アゾフ海沿岸のマリウポリを拠点にします。マリウポリがウクライナ戦争で一番の激戦地になったのはそのためです。

現在、ゼレンスキー大統領が「ロシアを追い出すまで戦い続ける」と言っているのは、そうしないと自分が不要になるからです。ゼレンスキー氏はＮＡＴＯ加盟が認められないと知って、二〇二二年三月にトルコのイスタンブールでの停戦交渉に応じようとしました。

けれども、交渉団の重要人物がスパイ容疑で銃殺されました。さらに、代表団にいたほかの二人もキエフで処刑されました。ロシアとの停戦に応じることは、屈服であって「許し難い裏切りだ」と主張するナショナリズム勢力が政権内にいるのでしょう。だからゼレンスキーは西側の軍事支援でロシアと闘い続けるしかないのです。

ゼレンスキー政権では、きちんとした権力機構ができているのかどうかよく分かりません。ゼレンスキー氏自身が役者から出できたシロウト政治家です。なんの政治的バックもない。彼をかついでいる連中の中には、ユダヤ系ではなくて、極右のアゾフ大隊のような勢力もいます。ゼレンスキー氏は「国民全体で戦う」雰囲気を作ってしまったので、そこから抜け出せなくなっています。交渉団メンバーの処刑はゼレンスキー氏に対する警告なわけです。

世界は混乱だらけです。ウクライナもガザも収まりそうにありません。アメリカがウクライナとイスラエルへの支援をやめないと何も変わりません。停戦の仲介を中国やインドがやるという人もいますけれど、彼らがイニシアティヴを取るのをアメリカが嫌います。イスラエルを止められるのはアメリカしかいないでしょう。そうは言っても、イスラエルが簡単にアメリカの言うことを聞くかといえばそれも怪しい。イスラエルは核を持っているんですよ。「アメリカが止めようとするのなら、イランに核を打ち込んでやる、そうしたら中東大戦争になるぞ」とアメリカを脅すこともできる。そうした状況下で、「自分たちの好きなようにやらせろ」とアメリカに言っているわけですね。今までずっと、国連でイスラエルを支えてきたのはアメリカです。そのアメリカが「ガザ攻撃はやりすぎだから、世界中でイスラエル非難が起きている。だからここは思いとどまって人道支援の方向に向いたほうがイスラエルのためだ」と、繰り返しイスラエルを説得するしかありません。

ガザが壊滅してもパレスチナ人は残る

アメリカの政治は民主党と共和党のどちらが大統領になるかで決まるといわれますが、どうなのか。どちらにしても、ウクライナでもそうですが、戦争の初めから特に日本ではどんなニュースやメディアでも、「アメリカがこう言っています」「現在の戦況はこうなっています」と、アメリカのネオコン集団の「戦争研究所」の情報がベースなわけです。ウクライナ戦争は初めからアメリカがコントロールしていることは明らかです。そのおかげで世界に新しい分断が起こっている。経済危機にも直面しています。

アメリカがひと言、「もうウクライナは終わりだ」と言って、「自分がロシアと、プーチンと交渉する」と言えば、プーチン大統領は受け入れるでしょう。このように、アメリカがこれまでの戦争一辺倒の政策を変えない限り、この世界は混乱に向かってしまうでしょう。アメリカはこの先、国力がどんどん落ちていくわけです。一〇年、二〇年後には中国やインドにも抜かれてしまいます。それゆえアメリカは焦っているんでしょう。しばらく前から、アメリカが中国との関係を悪くして経済制裁をしているのもそのせいです。

　だから本当にコントロールしているアメリカが「やめろ」あるいは「やめる」と言わなかったら、世界は混乱したままで、あちこちに地獄ができることになるでしょう。もちろん、世界は多極化し、グローバルサウスなど第三世界の影響力が増しているのは事実ですが、どの国もアメリカを止めるだけの力はありません。でも、アメリカは衰退の用意がなくて、取り柄である武力を使うしかない状況です。「同時多発テロ」と呼ぶ事件が起きてブッシュ大統領が「テロとの戦い」を言い出してから、日本ではずっとそうです。現在まで一貫して、世界一の軍事力とメディア・コントロールの力で世界を支配し続けようとしてきました。

　イスラエルに対し世界中からブーイングが起こっても、イスラエルはガザ攻撃をやめないでしょう。それをアメリカが承認し、支えてくれるからです。ハマスは、自分が滅びようと、ガザが滅びようと、それでもパレスチナ人はまだ残ると考えています。ハマスにとって、今回のイスラエル攻撃の目的は、イスラエルに対する世界の目を変えてしまうことでした。そして、それは成功したと言っていいでしょう。世界中でパレスチナ連帯デモが起きているのがその証拠です。

イスラエルはガザ地区を潰してしまったその次は、ヨルダン川西岸地区も狙ってくるでしょう。すでにこの地区には、国連の国際法違反の勧告を無視して七〇万人以上の入植者が入り込んでいます。彼らはパレスチナ人の家を壊し、土地を奪い続けてきました。その仕上げをしようとするでしょう。

イスラエルは自分たちの「生存の権利」に基づいてやっていると言いますが、それはパレスチナ人の人権や生存権を奪うことだというのも事実です。このようにイスラエルは「敵」を作り続けてきました。ハマスを潰しても、ハマスの後にまた別のハマスが生まれ、新たな「テロリスト」が現れることでしょう。それは、この二〇年間アメリカが続けてきた「テロとの戦争」が示しています。こうした悪循環を断ち切れるのは、実はアメリカだけなのです。

敵か味方かの論理を主張する前に

金平茂紀
かねひら・しげのり／ジャーナリスト

一〇月一九日にバイデン大統領は国連総会で演説し、ロシアによるウクライナ侵略に対し、ウクライナを支援するよう世界の各国首脳に訴えました。それはもちろん米国内の世論喚起を意識した演説だったと思いますが、「ネイキッド・インヴェイジョン（剥き出しの侵略）」という強烈な言葉がキーワードになっていました。

僕が注目していたのは、ＴＢＳと提携しているアメリカのＣＢＳが、ゼレンスキー大統領の独占インタヴューをとったことがあります。そこで出てきた言葉がかなりのことを言っているなと思ったんです。ゼレンスキー氏はこういう言い方しています。「プーチンを食い止めるか、世界大戦を始めるか、全世界は選ばなくてはいけない」。

こういう、敵か味方かの二分法を迫るというレトリック（論理の構造）を使うというのは、みなさんも思い出すのではないかと思いますが、これは二〇〇二年一月にＧ・Ｗ・ブッシュが使った「世界のすべての国々は今決断しなくてはならない。われわれの側につくか、テロリストの側につくか」というレトリックと同じです。

のちに「ブッシュ・ドクトリン」という言い方をされましたが、その後、アフガン戦争やイラク戦争を正当化する論理として今に至るまでずっと続いています。ところが、ブッシュ・ドクトリンが出たときのような反発が聞かれませんでした。同じ国連演説の中で僕が注目したのが、ブラジルのルラ大統領の発言ですが、彼は「交渉の場を作る努力を続けなければいけない」と言いました。「停戦論」についての言及をブラジルははっきりとしたわけです。

国連安保理が開催されたときに、ゼレンスキー氏の隣の席にいたのは日本の首相だったんです。岸田さんという人が満足げに座っていました。メディアの報道を見ると、その二人のツー・ショットを切り取って、岸田さんの存在感を演出していました。日本のメディアは、わが国の首相がウクライナの大統領の隣に座っているということにも喜びを感じるんですね。もう恥ずかしいですよ。

岸田さんはそこで中身のある発言をしていません。国際舞台というところで自分の存在感を示したいという、岸田さんやその取り巻きの気持ちは分かりますけれども。真の意味での外交が日本という国では機能していないんだろうなと思います。

それから僕は、沖縄に長く取材で関わってきました。このところ南西諸島の石垣島や与那国島、宮古島に行くことがあるんですが、現地で、とにかく問答無用でミサイル基地ができています。そこでは前線基地化というのがものすごい勢いで進んでいます。与那国島の場合は、町長自身が旗振り役をやっているので、このままでいくと島の人口の二割か、それ以上が自衛隊関係者で占められることになります。

そこに台湾から立法院のトップが来訪しました。台湾と定期航路を開くという動きがあるんですけれど、それをオーガナイズしていたのが日華議員懇談会です。自民党の中にある、かなり保守的な政治家たちのフラクションです。彼らが橋渡しをしているわけです。彼らが沖縄を全島、ミサイル基地にすることを後押ししていますが、その根拠になっているのが「台湾有事」という言葉です。

先日、台湾に取材に行ってきましたが、これを台湾の人たちと話したら、みんな「タイワン・コンティンジェンシー（Taiwan Contingency）」、つまり「台湾、偶発事態」と表現していました。これが本当にリアリティがあるものなのかどうか。国民党系の人、民進党系の人、もちろん立場が違うんですけれど、今は総統選挙でどちらが勝つかということで議論になっていますが、両方ともに（民進党系も国民党系も）共通しているのは、「台湾をウクライナの第二章にされては困る」ということです。

ウクライナ戦争の第二章が、まるで東アジアにおいて、「次はここだ」みたいな形で台湾が使われることに対するある種の反発ですね。一番大事なことは共通して、やっぱり戦争は嫌だということ。戦争の道具にされるというか、戦争を始めることの口実にされたり、自分たちの国がツールとして使われるってことに対しては国民党系も民進党系も、それから第三勢力の人たちも嫌だと言っている。それは少なくとも確認できました。

一般の人たちの普通の生活でいえば、「台湾有事」という言葉で、台湾の人たちが緊張を強いられているかというとそうではありません。向こうで一番、話題になっていたのは(僕が訪れたときには)生卵の安全性です。南米から輸入する卵が安全かどうかということでした。ほかにもエネルギー価格のこととか、そういうのはすごく議論になっていました。あと出生率ですね。台湾もやはりなかなか結婚ができないとか、日本と同じ悩みを抱えていて、出生率が下がっているそうです。

出生率が下がると将来の労働人口が減少します。その点、台湾では人口二三〇〇万人のうち、インドネシアから働きに来ているイスラム教の人たちが三〇万人もいるそうです。朝の通勤時間帯には交通機関がスカーフを被った女性たちであふれかえっていました。頭がクラクラするほどでした。ただ彼ら彼女らも台湾社会に必死に溶け込もうとしているのがうかがえました。

戦争当事国ではない国、国民にとって、戦争を外から煽ることの罪深さは今さら多言を要することではないと思います。

外交上、大事なのは相手国の立場に立って考える力

東郷和彦
とうごう・かずひこ／元外交官、国際政治学者

今回、九月にお話しするにあたって結論から申し上げますと、ウクライナ戦争の見通しについて三カ月前にお話ししたときよりもはるかに暗い見通しにたっております。なぜかというと、それはこの三カ月間、戦争が激化しているからであり、その責任の大半はアメリカ、イギリス、NATOとその支援を受けるウクライナ側にあるように見えます。

三つの観点から言います。第一にウクライナが受け取る武器の精度が飛躍的に跳ね上がっています。たまたま、昨日テレビで見ていたら、戦車戦ではアメリカから近日中にMIエイブラムス三一両が供与されるとのことです。これは、すでに昨年末から送られているドイツのレオパルト2の供与に加えてのことです。それからロシアの防衛戦を効果的に攻撃するために必須の長距離ミサイル、これは射程三〇〇キロメートルの地対地ミサイルA

TACMS（エイタクムス）の供与です。これは、イギリスの空中発射型巡航ミサイルのストームシャドウが提供され、すでに実戦で使われているのに加えてのことです。さらにイギリスからの劣化ウラン弾の供与もこれに加わるわけです。

二番目は、昨年まで、米欧は、供与する武器はウクライナの領土を守るために使うべきであって、ロシア本土への攻撃には使われないと言っていました。それなりのバランスをとった条件を付けていたわけですね。これは、ウクライナとロシアの全面戦争が仮に始まると、ウクライナを全面支援するNATOとロシアとの正面衝突を引き起こしかねないからです。もし万一それが起きれば第三次世界大戦、少なくとも第三次欧州大戦になるということについての一種の理解の結果でした。

ところが、ウクライナ側のロシア領内へのドローン攻撃が今年五月に始まりました。これがクレムリンの屋根を直撃しただけでなく、どんどん加速しているんですね。モスクワ市内を攻撃するだけでなく、ロシア国内のさまざまな軍事基地へも攻撃しています。この攻撃は有効なんです。ウクライナは、このドローンは自分たちが開発したものだから、どう使おうと勝手だろうと言っているようですが、ウクライナ戦争はもともと米欧の完全なサポートの下でやられているということを無視した、成り立たない議論だと思います。

三番目は、クリミアについての扱いがまったく変わりました。クリミアの奪還ということは、二月二四日以前にロシアが実効支配していた地域からロシアを追い出すことを意味し、ロシアに対する全面勝利を確保することになります。昨年三月のイスタンブール和平会議が決裂して以降の最大の転機は、八月のウクライナによるクリミア本土への攻撃にありましたが、米欧からはいわば黙認状況だったと記憶しています。

欧米がクリミアの奪還に向けて戦ってもいいんだというシグナルをはっきり出したのは、私の記憶ではG7広島サミットの後にジェイク・サリバン米大統領補佐官がCNNで「クリミアは完全にウクライナが取り戻すべき領土だ」と発言したときのことです。この時点で本当に驚くべき発言だったたんですよ。強烈な印象が残っているんです。これがクリミア奪還についての転換点になっているわけです。

テレビで識者がいろいろ議論していますが、ウクライナ南部に戦力を集中すべきではないかという意見がありますね。なぜ南部なのかというと、南部の先にはクリミアがあるからです。だからこれは、ウクライナに「クリミア奪還をどうぞやってください」というシグナルですね。

さてその結果、この戦争がどうなるかというと、一つの可能性として、ロシアが勝利する、少なくとも長期間持ちこたえる、という見方があります。戦争初期の大失敗から学び、六月四日から始まった反転攻勢を大幅に遅らせ、米欧からのエスカレーションに対して持続的な力の行使が続けられるというものです。この見方が正しければ、これはこれで、即時停戦の見通しは成りたたず、戦争の長期化は避けられないということになります。

そういう見方はないわけではありませんが、もう一つはそれとまったく逆の見方ですね。ゼレンスキーがクリミアを含めて自国内から完全にロシアを追い払うまで戦うと言っている以上、今日申し上げたように、米欧の全面支援が加速し、米欧はロシアが勝利できないところまで、ゼレンスキー政権を助けることになります。しかし、これは半端ではない新しい状況が出てきているということだと私は思うんですね。ロシアの体制派の分析の中にも、近未来にロシアが敗北に陥るのではないかという、非常に深刻な懸念も生まれているようです。この分析が正しかった場合、「即時停戦」が実現しないどころか、一番恐ろしいのは押い込まれたプーチン氏がどう反応するのか分からないという事態となり、そうなったら、最悪の事態が起きる可能性があると思わざるをえませんね。

そうならないように、つまりいずれにせよ、私たちの「停戦」という願いが実現するようにと、私も本当に思うんですが、戦争が展開しているときに、そう都合よく私たちの願いが実現する条件が成立するかは分かりません。では、われわれとして何ができるのかというと、私の意見では外交上において最も大事なこと、すなわち相手の立場に立って考えるあらゆる努力を惜しまないということだと思います。

一つはチャンネル作りの努力、もう一つは相手側についての研究を続ける努力です。これは私が一番言いたい結論ですけど、太平洋戦争末期にアメリカが敵国・日本の研究を怠らず、そのことが最後に日本の滅亡を救ったということなんです。アメリカの日本研究によって日本は救われました。わが民族の血の中にある民族的記憶を岸田総理はバイデン大統領とゼレンスキー大統領に言うべきですね。今こそプーチン研究が必要なんだということです。そういう努力をやっている中でなんとか「停戦」というところへ、少しでも近づければいいと願っています。

第3章

essay

11月、パリ市内で行われた
パレスチナ連帯デモ
（飛幡祐規さん撮影）

〈ウクライナ戦争〉と〈イスラエル・パレスチナ紛争〉への一視点
――エドガール・モランの分析に即しつつ

杉村昌昭
すぎむら・まさあき／フランス文学・現代思想専攻、龍谷大学名誉教授

「事態は切迫している。ウクライナ戦争は、人類が長いあいだ被ってきた他のすべての大きな危機――エコロジー的危機、経済的危機、文明の危機、思想の危機など――を悪化させる可能性がある。第三次世界大戦を回避しよう」（エドガール・モラン『戦争から戦争へ――ウクライナ戦争を終わらせるための必須基礎知識』［杉村昌昭訳、人文書院］より）。

「ハマスのテロリズムは、二百万人のガザの市民に対して容赦なく反撃した国家［イスラエル］の恐怖政治を覆い隠すのではないかと恐れる。そしてネタニヤフが発表したように、イスラエルの反撃はほんの始まりでしかない」（フランスの政治月刊誌『マリアンヌ』（二〇二三年十月十七日）に掲載されたエドガール・モランの論説より）。

昨年二月に勃発した〈ウクライナ戦争〉が膠着状態を続けているあいだに、この十月イスラエル・パレスチナ紛争が新たな局面を迎えた。世界はあたかも〈第三次世界大戦〉あるいは世界規模の内戦に向かいつつあるような様相を呈しはじめている。

フランスの哲学者・社会学者エドガール・モランは今年一月、自身の戦争体験に基づいた秀逸な〈ウクライナ戦争論〉を刊行したが、長年ユダヤ系の良識的少数派知識人として、イスラエル・パレスチナ紛争に関しても多くの論評を公表してきた人物である。

本稿では、モランの思考原理である〈複雑思考〉に随伴しつつ、二十一世紀の行く末を決定づけるであろうこの二つの大きな〈歴史的出来事〉の核心に迫ってみたい。

まず〈ウクライナ戦争〉。

モランの分析と提案は拙訳書を参照していただきたいが（この本は最もまっとうな〈ウクライナ戦争論〉として私が一気に翻訳し今年六月刊行したものである）、「訳者あとがき」に書いたように、日本の政府や専門家や世論が欧米の主流的立場に追随しているために、マスメディアから黙殺されているのであまり広まっていない。

そこでモランの分析と主張の概要を記しておこう。

モランはウクライナ戦争を論じる前提として、あらゆる戦争に伴う物質的・身体的被害だけでなく知的害毒（〈戦争ヒステリー〉、〈戦争にからむ嘘〉、〈敵国民の犯罪者化〉等々による思想的劣化）を重視する。その前提に立って、第一次世界大戦から第二次世界大戦を経て、戦後のさまざまな局地的戦争や紛争に言及しながら、ウクライナ戦争を歴史的・地政学的に位置づけようとする。

ウクライナ戦争は、EUを巻き込んだアメリカやNATOの〈東方進出〉作戦によって必然的に生じた局地戦争であるが、欧米とロシアという大国が背景にひかえているので〈第三次世界大戦〉に展開する潜在的要素を含んでいる。マスメディア報道はほとんど黙殺しているが、二〇一四年の〈マイダン革命〉という親欧米革命にともなって、ウクライナ東部のドンバス地方ではウクライナ権力とロシア語地域とのあいだで八年にわたって戦争がつづいていた。この地域の政治的・経済的重要性をめぐるアメリカとロシアの対立を背景として、ロシアのウクライナ侵攻が始まったのであり、これは予測可能な出来事であった。モランはこう言う。「ウクライナ戦争には三つの戦争が内包されている。(1)ウクライナ権力と東部の分離主義地域との内戦の継続。(2)ロシアとウクライナの戦争。(3)アメリカの領導する欧米とロシアとの国際化された政治－経済戦争」。

戦争の害悪は、なによりも市民であれ兵士であれ日々人間の命が奪われていくこと、人類の歴史的遺産が消滅していくこと、そして〈祖国地球〉に甚大な被害を及ぼすことである。そうであるがゆえに、一刻も早くこの戦争を終わらせなくてはならない。「中立の立場もしくはEUへの統合というかたちでウクライナの独立を認めること」。「ドンバスの分離地域はウクライナのなかでロシア語を日常語とする住民が抑圧されてきたところなので、この地域はウクライナ主権国家への帰属から外す。この地域の帰属は国際的監視の下に行なう国民投票で決めるか、歴史的にロシアのものとして認知する。ただし、この地域はウクライナにとって経済的重要性が大きなところなので、とくに工業分野に関してウクライナとロシアの共同統治を検討する」。これがモランの和平提案の前提となる主要部分である。戦争の先行きがなお見えてこない現状において、これは〈絵に描いた餅〉に見えるかもしれない。しかし、いずれ停戦交渉をしなくてはならないとしたら（そうであらねばならない）、これは現実味をおびてくる提案であろう。

次に〈イスラエル・パレスチナ紛争〉。

二〇〇一年から二〇〇二年にかけて行なわれた、イスラエル軍によるパレスチナ自治区への軍事侵攻（このアリエル・シャロンによる暴挙はパレスチナ自治区を完全支配下におき、曲がりなりにも和平をめざしたオスロ合意を全面的に覆した）を踏まえて、モランは「ル・モンド」（二〇〇二年六月四日）に、サミ・ナイル（ヨーロッパ議会議員）とダニエル・サルナーヴ（作家）と共同署名で、「イスラエル・パレスチナ紛争は癌」というタイトルの論説を発表した。これに対して各方面から「癌」という表現を使ったことに非難の声があがった。モランはそれに対して、癌という表現はメタファーであり、実際、この地域全体に癌が浸透し、イスラエル、パレスチナともに癌に侵されているではないか、と反論した。さらに、以下のような文章が取り沙汰された。「歴史上最も迫害された民族が、一部の少数者をのぞいて、他民族を踏みつけにする民族に変化している」。「ゲットーと呼ばれるアパルトヘイトの犠牲者の末裔であるイスラエルのユダヤ人が、パレスチナをゲットー化している」。現実に起きている被抑圧民族から抑圧民族へのこの〝歴史的反転〟の認識に対してもさまざまな方面から非難の声があがり、この論説が発表された直後、公営ラジオ放送「フランス・キュルチュール」で、ユダヤ系思想家アラン・フィンケルクロートとの対論が放送された。激しいやりとりが続いたこの激論のなかでも、モランは自説を引っ込めず、イスラエルシンパの立場を振りかざすフィンケルクロートに対し状況に即して反論し続けた。

今年十月に起きた事態は、二十年ほど前の二〇〇二年に起きた事態と基本的に同じコンテクストで捉えることができるが、粉砕され続けていたパレスチナの抵抗運動がハマスによるゲリラ攻撃の〝成功〟とそれに対するイスラエルの反撃の苛烈さによって、国際的にも新たな局面を迎えている。この点に言及し始めると長くなるので、一言だけにしておくが、今回アメリカはイスラエル全面支持の立場に立ったことによって、中東地域(アラブ諸国)での影響力が低下し、トルコ、中国、ロシアなどと一定の協議をしなければ事態を収拾できない立場に追い込まれるだろう。またヨーロッパでも、イギリスやフランスなどがアメリカに同調したことによって、EU分裂の潜在的可能性が生じている(東欧諸国が英米やフランスと同調するのに対して、北欧諸国やスペイン、イタリアなどの南欧諸国はこれに距離を取ろうとしているから)。

いずれにしろ、モランは〈ウクライナ戦争〉の場合と同様、〈イスラエル・パレスチナ紛争〉の分析にさいしても、〈出来事〉の歴史的コンテクストを捉えることを強調する。なぜロシアはウクライナに侵攻したのか、なぜハマスはこの機にイスラエルにゲリラ戦を仕掛けたのか(ハマスは欧米では〈テロリスト集団〉と呼んでいるが、歴史的には植民地解放を求める〈武装抵抗勢力〉とみなすことができる)、このことを把握することなしに、事態の現状も未来に向けた解決も正確に見透すことはできない。

しかし欧米の価値観や生活様式にどっぷりつかった日本のマスメディアには、そのようなあたりまえの視点が欠落している。自分の頭で考える独立的思考ができないのだ。しかし〈ウクライナ戦争〉についても〈イスラエル・パレスチナ紛争〉についても、われわれ一般市民はマスメディアに頼らずとも、書籍やネットの情報（数に事欠かない）を適宜取捨選択して得た知識を踏まえて、自分の頭で考えることができる。こうした営為を行なう人が一人でも増えることを祈念したい。

パレスチナ人民の不可視化と植民地主義

飛幡祐規
たかはた・ゆうき／パリ在住ジャーナリスト

ハマスの戦闘員によるイスラエル急襲を発端に、イスラエル軍のガザ攻撃が始まって以来、欧米諸国の主流はイスラエル支持である。イスラエルとパレスチナ紛争の歴史的経緯を踏まえれば、ガザ市民の人道的危機と大量殺戮は初めから想像できたが、一部の左派政党と多数の市民の憂慮を無視し、ＥＵ諸国の指導者の多くはアメリカに倣ってイスラエルの「自衛の権利」を擁護した。それには、第二次大戦中のナチスによるユダヤ人大虐殺のせいで、建国後のイスラエルの政策を批判できず、長年続く植民地の拡大とアパルトヘイト、ガザとヨルダン川西岸のパレスチナ人への迫害を許してきた事情があるだろう。

ドゴール以来長年、イスラエル・パレスチナ双方と対話し和平への道を探るなど多面的な視点を考慮するのが中東外交方針だったフランスでも、マクロン政権は直ちにイスラエルへの強い支持を表明し、ウクライナ戦争への対応よりもいっそう明確にフランスの没・独自性を示した。アメリカとNATO追随はサルコジ政権以降の路線だが、マクロン政権においては著しい。その上、政府がパレスチナ連帯の集会やデモを禁止するような言論・表現の自由の侵害が起きた。イスラエルのガザ攻撃の批判はハマスの擁護だと解釈する「公式」見解に、主要メディア（特に大富豪所有のラジオと二四時間テレビ）は他の欧米諸国よりずっと露骨に染まった。それにはフランス国内の事情が関係している。

二〇一五年の連続テロ以降、イスラム原理主義分子によるテロが何度も起きたフランスでは、国内のムスリム系住民や難民をイスラム原理主義派に同一視して嫌悪する極右の言説が、メディアで頻繁に流布されるようになった。「非宗教」原則という名目のもと、ブルキニやアバヤなど服装の流行を短絡的に宗教に結びつけて禁止するなど、ムスリム系住民を敵視・差別する傾向は保守陣営や政府、マクロンの与党内にも広がった。

極右のヘイトスピーチがフランス社会に浸透する中、マクロン政権はパレスチナ問題に対する無知も相まって、ハマスをイスラム国（IS）と同様のテロ組織とするイスラエルとアメリカの見方を取り入れた。二〇〇一年九・一一後にブッシュが始めた「原理主義宗教テロリスト（悪）に対する民主主義国（善）の戦争」の論理を使い、「テロから国民を守る」ポーズ（仮想の敵はアラブ系住民）をとって保守や国民連合の支持層をつかもうという戦略だ。折しも一〇月一三日、中学・高校の教師がイスラム過激分子に学校で殺害される事件が起こり、ダルマナン内務大臣やメディアはヒステリックにテロの脅威を煽った。

インフレ、公共サービスの低下など生活難と貧困が増大したフランスで、国民の大多数が反対する年金改革や緊縮政策を次々と強行採択するマクロンと政府への不満は大きい。これらネオリベラル政策と闘う真の対抗勢力は左派連合NUPES、とりわけ昨年の大統領選挙で決選投票を僅差で逸したジャン＝リュック・メランションの党「服従しないフランス（LFI）」だ。対して、二〇一七年と二〇二二年の大統領選決選投票で敗れた極右・差別主義者マリーヌ・ルペンの国民連合は、庶民の味方を装ってもネオリベ政策を批判しない。社会運動や環境運動とは無縁で、国会でNUPESが提案する富裕税の導入や最低賃金引き上げ案には反対票を投じる。

したがって、マクロン政権や保守勢力（ブルジョワ陣営）にとって第一の敵は、抜本的な経済・環境政策の方向転換（脱資本主義）の政策綱領を掲げるLFIだ。LFIはまた、極右の「反イスラム」観を取り入れた政府の差別的な法案や、移民系若者への警察の暴力・殺害とレイシズムを糾弾してきたため、政府与党にこれまでも激しく攻撃された。

ハマスの攻撃後、直ちに暴力・殺戮の悪循環を指摘し、市民の大量の犠牲を懸念して停戦を主張したLFIに対し、マクロン政権と保守陣営、主要メディアからなるブルジョワ陣営は凄まじいバッシングを始めた。ＬＦＩやアムネスティ・インターナショナルは、ハマスによる大量殺戮は「戦争犯罪」（あるいは「人道に対する罪」）として国際法で裁くべきだと主張する。そして、最小限の必要物資の輸送も凍結され、完全に封鎖されたガザ地区への激しい爆撃（学校や病院の攻撃、女性と子どもを多数含む大量の市民の殺戮）も同じく戦争犯罪だと指摘しても、ハマスをテロ組織と言わずにガザ地区への攻撃を批判する反イスラエルの立場は反ユダヤ主義だ、と非難されるようになった。事実無根の反ユダヤ主義のレッテル貼りは、政敵の失脚（例：英労働党のコービン）を狙う手口である。

ガザの住民の人道的危機の状況が次第に報道され始め、国連や人道援助団体が必死で停戦を求める中、停戦とパレスチナ人民への連帯を掲げるデモ行進は一一月四日に初めて許可された。市民団体、労組、左派政党が呼びかけたこのデモに、左派連合ＮＵＰＥＳに属する社会党は参加を拒否した。背景には政治的な思惑がある。ＮＵＰＥＳを敵視するネオリベ路線の旧社会党勢力はもとより、ＮＵＰＥＳ内でＬＦＩの主導権に不満な共産党、社会党、緑の党の指導陣は、この戦争は左派第一党のＬＦＩを弱体化させる格好のチャンスと見たのだろう。与党・保守・極右に倣ってＬＦＩ叩きに加わる者も続出した。

一方、国際情勢に明るく外交に関わる人の中からは、ヨルダン川西岸地区で激化したパレスチナ市民の迫害を民族浄化だと告発したイスラエル元フランス大使など、マクロン外交への批判が出た。実際、フランスの国際的信用と重みは著しく後退した。それに外交面で「人道的停戦」を唱えても、国内で政府は「反ユダヤ主義行為の急増」を強調した。こうして一一月一二日、与党と保守は共同で「反ユダヤ主義に反対する行進」を呼びかけ、ルペンの国民連合と極右の差別主義者ゼムールが参加するデモが行われた。市民団体、大部分の労組とLFIは、反ユダヤ主義に限らずすべてのレイシズムに反対すべきであり、反ユダヤ主義者やナチス協力者が創立したルペンの党や、イスラム差別主義者と共に歩くデモには参加できないと拒んだ。LFI以外の左派三党は「極右との境界を設けて」、停戦やパレスチナ市民の人道危機には一言も触れないこのデモに参加した。

つまり、今やブルジョワ陣営はルペンやゼムールのイスラム差別を受容し、「国民連合は反ユダヤ主義でなくなりLFIが反ユダヤ主義だ」と表明して極右陣営と同盟を結んだのだ。以後、図に乗った極右・ネオナチ分子のデモやヘイト行動が各地で頻発している。この信じがたい展開には、ブルジョワ陣営が自分たちと似た生活様式の「民主主義国」イスラエルのブルジョワ・中間層が被った大量殺戮に甚だしいショックを受け、イスラエルのユダヤ人に自己を同一化したことが影響しているだろう。哲学者フレデリック・ロルドンは、このブルジョワ陣営のイスラエルへの同一化が、国内の敵であるLFIと、「ムスリム教徒」と呼ばれるアラブ系フランス人への攻撃を激化させたと分析する。

彼らの理性放棄の底にあるのは、旧宗主国としての植民地支配の歴史である。アルジェリア征服（一八三〇年〜一八四八年）の過程などで、フランスは残酷な大量殺戮を重ね、第二次大戦後も植民地に固執して独立戦争が起きた。進行中のパレスチナ人民の大量殺戮に目を瞑り、正当化さえする非人間的な反応は、植民者意識とレイシズムに根ざしているようだ。アルジェリアの喪失を恨む極右の差別主義者にはとりわけ、イスラエルの植民地戦争への自己同一化が強いのだろう。

二〇年前、イラク戦争への参戦を拒む国連のスピーチが国際的に評価されたフランスで、和平のための外交と政治的解決を語る政治家はＬＦＩ以外には、そのスピーチをしたドミニク・ド・ヴィルパンなど数えるほどしかいない。イスラエル政府に反対する国内のユダヤ系団体・市民も少数派だ。停戦要求とパレスチナ連帯デモは繰り返され、大勢の市民が集まるが、不可視化されている。イスラエル政府・軍による非人道的攻撃と民族浄化の進行を今、多くの市民は認識しつつあり、政権の軌道修正が進むかもしれない。しかし、植民地主義とレイシズムの認識と反省にもとづく意識変革が行われなければ、「人権」の理念と人類に未来はないだろう。

（二〇二三年一二月九日）

ここから、どこに行くのか？　エドワード・サイードの提案

中野真紀子
なかの・まきこ／「デモクラシー・ナウ！ジャパン」代表、翻訳家

最後のフロンティアが尽きた後、わたしたちはどこへ行けばよいのか
最後の空が果てた後、鳥はどこを飛べばよいのか

廃墟と化したガザの映像をみていると、このマフムード・ダルウィーシュの詩が頭に浮かぶ。サイードが『パレスチナとは何か』の表題“After the Last Sky”にした一節だが、それについて彼はこう説明している。この詩は一九八二年にイスラエルがレバノンに侵攻しＰＬＯがベイルートを撤退したことを踏まえて書かれたもので、パレスチナ人は一九四八年に続いてふたたび、生活を築き上げていた国を追われた。しかし、これを体験した世代には、「破滅」という思いと同時に「再生」の感覚もあった。「最後の空、最後の道を通

り抜けるということが暗示するのは、たとえこれが最後のものと思われようとも、その向こう側にはまたもう一つの道、もう一つの空、もう一つの大地が開けているということです」

人が住めない場所にすることを目的とした破壊、むき出しの民族浄化、それを正当化するために次々と繰り出される臆面もない嘘は、イスラエル支持者であっても真顔で引用するのが難しいレベルだ。このようなシニカルな暴力の遂行は、ナチズムを髣髴《ほうふつ》とさせる。こんなものが国際社会で通用する時代がきたのか？　パレスチナの問題は、明らかに別のフェーズを迎えたようだ。サイードが生きていたなら、何というだろう？

エドワード・サイードが亡くなって二〇年が経つ。パレスチナ問題について世界の認識を改めさせるうえで唯一無二の働きをした人物であるが、思想家として学問の世界にとじこもるのではなく、解放運動の現場にもコミットして現実的な解決をめざすことに力を惜しまなかった。人生と理念と行動が一致する稀有な存在であり、パレスチナ人のナショナリズムの覚醒に果たした役割は大きかった。

しかし本人にとって、ナショナリズムはあまり居心地のよいものではなかった。無条件に自己同一化できるような属性がなかったからだ。英国委任統治時代のエルサレムで裕福な商人の家に生まれた彼は、アラブ人プロテスタントの子弟としてカイロの英国租界で育ち、英国式の植民地教育を受け米国のエリート大学に進み、故郷と呼べるものがない。「自分はどこに所属するのか、何者であるのかに確信がなく、あるべき自分を求めてさまよい続けたが、最終的には、そのような帰属意識は持たないのがよいと考えるに至った」と『自伝』に書いている。

パレスチナ人としての自覚は、後年になって自覚的に発動させたものだ。突き動かしたのは、パレスチナ人に対してしかけられた巨大な不正義への怒りだった。故郷を奪われただけでなく、自分たちの存在自体がないものとして歴史から抹消されようとしていたからだ。彼がめざしたのは、特定の土地や伝統に執着して、それを囲い込んで他者から守ろうとする狭量なナショナリズムではなく、自分たちの存在を主張できるようになる正義の回復であり、その自己実現の過程に誰もが参加できる開かれた運動、世界の他の人々の解放と連帯できるものだった。これは、イスラエルの排他的ナショナリズムに対置される。

サイードはパレスチナ人をユダヤ人との対比で語ることが多かった。一九四八年以降に世界に離散したパレスチナ人が、ＰＬＯの出現によって一つの民に属していると名乗れるようになったことを、シオニズム運動と重ね合わせて説明している。ユダヤ人としての自己実現のためには、東欧や欧米の国々の市民としておとなしく同化するのではなく、自分たちの発祥の地であるシオンに「帰還する」ユダヤ人という、国民としてのアイデンティティが必要だとシオニストは主張している。

だが、それは閉じたナショナリズムだ。迫害の犠牲者が自分たちを解放するために他の民を追放し、犠牲者の犠牲者を作り出してしまった。しかし他者を排除してピュアな楽園を築こうとしても、追放した他者の報復におびえ続け、自衛の軍事力が国家の柱となり楽園は地獄に変わる。「イスラエルの安全は、いまや伝説の獣である。一角獣のように、どこまで追い求めても決して手に入らない」とサイードは書いたが、もはやそれこそが国家の中心教義になってはいないか？

これに対置されるパレスチナのナショナリズムはレヴァント（地中海東岸）という地域の特性に根差したものだ。二〇世紀初頭に領土国家に分割される前には人々は自由に移動し、様々な人種や宗教の人々が共存してきたのであり、メンバー全員に同質性を求めたり、多数派のみが権利を享受する土地柄ではないとサイードは指摘する。多様性をつつみこむ風土では、少数派であっても、もっと気楽に過ごせるのだが、それを西洋人に理解させるのは難しい。だから「民主的で政教分離の一つの国家」（をヨルダン川から地中海までの土地に築く）という文言が、ユダヤ人のジェノサイドを示唆するという曲解が可能になるのだ。

さて現状に話をもどせば、ハマスの奇襲は起死回生の一撃だった。サイードが予見したとおり、状況は悪化の一途をたどり、ガザは二三〇万もの人間が閉じ込められ、物資の出入りは厳重に管理され水も食料も医療も十分ではない巨大な強制収容所となった。環境汚染によって二〇二〇年には人間が住めなくなると、国連が一〇年前から警告しており、希望のない若者たちが解放を求めて二〇一八年に始めた非暴力の「帰還の大行進」はイスラエル軍から狙い撃ちされ数百人の死者と数千人の負傷者を出して鎮圧された。

そのような窮状をしり目に、アラブ諸国では米国の仲介でイスラエルとの関係正常化に進む動き（アブラハム合意）が顕在化してきた。イスラエルとの提携による経済メリットを重視してパレスチナの占領支配を不問にするもので、孤立したパレスチナは消滅していくしかない。八方ふさがりの中で起きたハマスの奇襲を、ノーマン・フィンケルスタインはワルシャワゲットーの蜂起に例えている。「どうせ収容所で殺されるのなら闘って死んだほうがまし」と、戦闘に参加した若者たちが考えてもおかしくはない。

結果として多大な犠牲を出していることは悲劇だが、ハマスの反撃が現状を打開したことは間違いないだろう。イスラエル軍の絶対優位の神話がくずれ、国民の信頼を失った極右指導者が明確な目標もなく住民殺戮をこれでもかと続けて、占領と民族浄化のおぞましい姿を世界中にさらしてしまった。これでアラブ諸国との連携構想は吹っ飛び、パレスチナ問題がふたたび国際政治の中央舞台に躍り出た。

では、ここからどこへ行くのか？

軍事作戦はいずれ終息する。ガザの生活インフラを徹底破壊したイスラエルでは、西岸も含めてパレスチナ人を世界各国に割り当てて引き取ってもらおうという虫のよい構想もあるようだが、むしろ危機にあるのは孤立してしまったイスラエルの側だろう。アラブ側からは二重国籍のユダヤ人はみな自国に帰ればよいという、まるで裏返しのような声も聞こえてくる。一九世紀の遺物のようなシオニズムは退場するしかないが、どちらの民の追放も現実にはありえない。結局は、両者がこの地で平和に共存する方法をさぐるしかないのだ。それこそがサイードが言い続けていたことだ。

晩年にダニエル・バレンボイムと共同で立ち上げたアラブ・イスラエル混成オーケストラ（ウエスト・イースタン・ディヴァン）のプロジェクトに大きな努力を傾けたのはそのためだ。音楽の本質は、曲に登場する様々な要素が互いを尊重し、譲り合いながら統合してしていくことだ。ともに演奏することは、言語や宗教や歴史の違いを超えて調和を作り上げることなのだ。これほどの蛮行が行われ、子供たちの血が流された後で、相手を人間と認めることは、された側にはもちろん、やった側にとっても難しいだろう。それを乗り越えるには時間がかかるだろうが、対話を開く努力を見失ってはいけない。

彼らも国を捨てる権利を持つんだよ、私のように

土田 修
つちだ・おさむ／ル・モンド・ディプロマティーク日本語版前代表、ジャーナリスト

パレスチナ滞在記をなかなか書き終わらないジャン・ジュネに、パレスチナの詩人マフムード・ダルウィーシュは「いつ終わるんだい、君の本は？」とたずねた。ジュネは憤然としてこう言い返した。「いつ終わるんだい、君らの革命は？」（『恋する虜』人文書院、鵜飼哲・海老坂武訳）

フランスの作家ジュネは一九七〇年一〇月、ベイルート経由でアンマンに入った。パレスチナ解放機構（ＰＬＯ）とヨルダン政府との内戦が始まった時期だ。そこで、ジュネはＰＬＯのアラファト議長からパレスチナの悲劇を書くように勧められた。それから二年間、ジュネはイスラエルとの戦いを続けていたパレスチナのフェダイーン（戦士）と行動を共

ジャックス・ホテルとジュネの死を記した銘板

にしている。

だが、パレスチナの旅に基づく『恋する虜』をジュネが書き終えたのは、一九八五年一一月になってからのことだった。翌八六年四月一五日、ジュネはパリの滞在先だったジャックス・ホテルで病死しているのが見つかった。残念ながら、最後の作品となったこの本の出版を目にすることはなかった。

余談だが、その前日の四月一四日にシモーヌ・ド・ボーヴォワールが亡くなっている。ジュネが死んだのも同じ一四日だったのかもしれない。あまりにも偶然だが、国内外のメディアで、ジュネの死が長年の友人だったカストールの死と同等に扱われることはなかった。

ダルウィーシュがジュネにたずねた問いの答えにある「君らの革命」、それが一つには「パレスチナ国家の樹立」であるとすれば、昨年末、ネタニヤフ首相が「パレスチナ人の追放」を主張している極右政党との連立内閣を発足したことで、はるか彼方へと追いやられてしまった。

一〇月のハマスによる攻撃を理由に、イスラエル政府は「ハマスのせん滅」を公言し、ガザ地区に対し、東京空襲の何十倍という激しい空爆を開始した。続く地上侵攻では、病院も標的になり、一般市民の犠牲は恐ろしい数に上っている。一一月下旬に、カタールの仲介で七日間の「戦闘休止」が実現したが、その後もイスラエル軍の攻撃はガザ北部から南部へと拡大し、パレスチナ住民の虐殺はとどまるところを知らない。

「不服従のフランス」のジャン＝リュック・メランション氏はガザを「二一世紀のゲルニカ」に喩えた。パレスチナ人に対する「ジェノサイド（民族虐殺）」は、いまだかつてないほどの激しさをもって続けられている。だが、死者が持つ固有の顔や年齢、性別、体型も何もかもがこの数字にあらわれることはない。

一九八二年九月、イスラエル軍が侵攻したベイルートの難民キャンプ「シャティーラ」で起きたパレスチナ人の虐殺現場を歩いたジュネは、男性、女性、子ども、老人という犠牲者一人ひとりと対面し、その特徴を克明に書き留めている。「通りの壁の両側の間に、弓形にねじ曲がったもの、踏ん張ったもの、壁の一方を足で押しつけもう一方には頭をもたれた黒くふくれた死体たち。……蝿も、白く濃厚な死の臭気も、写真には捉えられない。

一つの死体から他の死体に移るには死体を飛び越えてゆくほかないが、このことは写真は語らない」

ジュネは死者たちの姿態や臭気に親しみを感じたというが、それはディアスポラに生きるパレスチナ人に対する深い愛があったからだ。幼少時に「お前は泥棒だ」と宣告を受け、反逆者の烙印を押されたジュネはパレスチナ人と同じ国を追われたディアスポラなのだ。『シャティーラの四時間』（インスクリプト、鵜飼哲・梅木達郎訳）の記述からは、死者と交感し格闘するジュネの身体的実存がこれでもかと迫ってくる。

翻訳者の鵜飼氏は、同書に収められた論考「生きているテクスト」で「一九八二年のレバノン侵攻とサブラ・シャティーラの虐殺は今日、イスラエルによるこうした戦争犯罪、植民地犯罪、民族浄化政策の連鎖の起点に位置づけられる」と書いている。

一九八〇年代にイスラエルによって繰り返された虐殺は、イスラエルという国が、パレスチナ人を「死の恐怖」によって追い出すための策略だった。昨年末、イスラエルに歴史上、いまだかつてないほど過激な極右政権が誕生した。「パレスチナ人の根絶」を要求する極右連合「宗教シオニズム／ユダヤの力」のスモトリッチとベングビールが、それぞれ財務相と国家治安相という重要閣僚に抜擢された。

さっそく、スモトリッチは六月、パリで開かれたユダヤ人の会合で「パレスチナ人など存在しない」と発言し、パレスチナ自治区にある人口七〇〇〇人の村を「消滅させる」と言い放った。ベングビールはイスラーム教徒の聖地アル・ハラーム・アッシャリーフに繰り返し足を踏み入れることで、わざとパレスチナ民衆の抵抗を誘発し、「イスラエルの治安維持のためには数百人、数千人のパレスチナ人を殺害することが政府の責務だ」と豪語している。

ネタニヤフが黙認している彼らの言動が、今回のハマスの攻撃の引き金になったとの見方もある。ただ、決行日は、一九七三年一〇月六日の第四次中東戦争開戦から五〇年後の一〇月七日だった。地下トンネルや手製ロケット弾をつくるなど準備に数年はかかっただろう。

攻撃を開戦日に合わせたのかもしれないが、「ジェノサイド」を標榜する極右政権への怒りは極限まで高まっていたはずだ。それにしても、世界有数の軍隊に竹槍のような武器で立ち向かう「インサージェント（非対称戦力）」のフェダイーンたちの強い意志は一体どこから生まれてくるのだろうか。

「〈テロリズム〉とか〈テロリスト〉といった言葉の含む侮蔑的な響きに、パレスチナ人の無関心が対峙する。自分が悪魔であろうとも、自分たちの企てが全世界から悪魔の所業とみなされようともかまわない。それに対する無関心をパレスチナ人はかち取っていたが、それは勇気であり、また果敢さでもあった」

ジュネは『恋する虜』の中で、戦闘に向かうフェダイーンについてこう書いている。イスラエルは、ハマスを「人間の顔をした野獣」と蔑み、「せん滅する」とまで宣言している。欧米メディアもハマスを「テロリスト」と言い続けているが、パレスチナのフェダイーンにとって「テロリスト」という言葉は何の意味も持たない。ひたすら勝利をめざして戦う彼らにとって「勇気」と「果敢さ」の象徴でしかないのだ。

イスラエルを長年、軍事支援してきたアメリカは十二月にも国務長官をテルアビブに派遣して、「ガザ地区への攻撃の抑制」を懇願したが、国民向けに「ハマスをガザ地区から追い払う」と主張するネタニヤフ政権が応じる気配はなかった。アメリカが一番心配しているのは、「市民の犠牲」が多すぎることだ。それがイスラエルを支援しているアメリカ政府に対する批判に繋がりかねないからだ。バイデン政権の危惧は、来年の大統領選挙に向けてアラブ系国民の票を減らすことだけだ。

将来、アメリカが覇権国家の地位から滑り落ち、一九世紀のモンロー主義の時代のように「自国優先主義」に立ち戻ったとしたら、他国の支援にかまけている余裕はなくなるはずだ。アラブの大海に浮かぶ小島が生き残るには、パレスチナと共存するしかないだろう。そのとき、ダルウィーシュの夢見た革命は成就するのだろうか。

スペイン人の作家ファン・ゴイティソーロがジュネに、「国を手に入れたら、パレスチナ人はどうなるんだい？」と質問した。ジュネは一瞬沈黙した後、「彼らも国を捨てる権利を持つんだよ、私のように」と答えたという（『恋する虜』より）。

ジュネは別の対談で「パレスチナ人がほかの国家と同じような一国家になった日には、（自分は）もうそこにはいない」と語っている。真のディアスポラのジュネは「反抗と革命」に美意識を求め、パレスチナとフェダイーンを生涯愛し続けた。パレスチナ人が「国を捨てる権利を持つ日」が来たとしたら、そのとき、ジュネはダルウィーシュになんと答えたのだろう。

運の悪いことに、天国だったのです。

四方田犬彦

よもた・いぬひこ／比較文学者、映画誌家、評論家

大勢の人が歩いている。

ぶ厚いマフラーを被り、寒さよけに重装備をして、右手を前に向けている人がいる。こっちだよと、後ろの人に教えている人もいれば、セーターを着ているだけで、気楽に人の後に付いていく人もいる。片足を失い、松葉杖をついている人。車椅子の人。重そうなリュックサックを担いでいる人。誰もがみんな違っている。

道はほとんどが雲で覆われている。ひどく狭く凸凹があるようだが、よくわからない。一歩踏み外せば虚空を落下してしまう。だからといって、人々が特にそれに脅えているようには見えない。それぞれが思い思いのペースで、同じ方向へと、列をなして歩いている。何十人もの人が歩いていく先にはやや広い階段があり、何段か階段を上りきると、幅三

〇メートル、奥行き二〇メートルほどの平面となる。平面もまた虚空に浮かんでいて、周囲は一面の雲だ。さきほどの道と同様、少しでも油断をして足を踏み外せば、無限に落下していくばかりだ。

平面の上にも、ところどころに人がいる。カメラで自撮りをしている人もいれば、カップルでお喋りをしている人もいる。犬を散歩させている人もいれば、平面の縁に立ち尽くしている人もいる。

実は平面は単一ではない。その上にも同じような平面があり、同じような平面がいくつもいくつも重なり合って層をなしている。どの平面にもわずかに人がいるようだが、よくわからない。すべては巨大な雲に呑み込まれているからだ。

陽光が差し込んでいるせいか、雲は奇妙に明るい。だがその彼方を見通すことはできない。というより、雲はさまざまな形態を見せながら、自分を無限の存在のように見せかけている。

「雲のアトリエ」と題されたタブローである。全体は十六の断片の組み合わせからなり、幅一〇メートル、高さ四メートルくらいだ。制作したのはガザに住む十四人である。ヴィデオ作家、イラストレーター、路上アーティストが協力し合った。誰もが一九九〇年代生まれ、つまりオスロ「合議」から第二次インティファーダあたりの時期に生まれ、ガザの外へ一歩も出ることができなくなった世代である。

わたしはこの大作を二〇二三年六月、パリ五区にあるIMA（アラブ世界研究所）で開催されていた、「パレスチナが世界にもたらすもの」Ce que la Palestine apporte au mondeという展覧会で観た。壁に展示された美術作品と写真を一つひとつ眺めているだけで、一時間半ほどの時間を要した。他にもヴィデオ映像があり、コンサートがあり、共同討議がある。当然のことながらカタログが出ているだろうと思ってギフトショップに向かったが、発行されていなかった。

展示内容は実に多様だった。あちらこちらを噛み千切られ、手足や頭だけになっても一方向を目指して走り続ける、大勢の犬たち。スケートボードを持ち、少しつっぱった、得意げな顔を見せている、真赤なジャージ姿の女性の写真。トランクを引き摺りながら歩いている、ジャコメッティそっくりの痩せた女性の彫像。一面ヒマワリが咲き誇る街角に集まっている人びと。若い頃のマフムード・ダルウィーシュがネクタイに背広姿で朗読している動画もあった。傑作なのは、ガザにもし地下鉄が走っていたらという想定のもとに制作された、冗談アートが展示されていたことだ。地下鉄マップと乗車券（パリのメトロそっくり）、それにガザのあちこちに地下鉄駅の標識Mのある、虚構の風景写真の連作だった。おお、ガザにも赤瀬川原平がいたのだ！

ふいに、「運の悪いことに、天国だったのです。」という言葉が想い出された。わたしが最初に手にとった、ダルウィーシュの詩集の題名である。

＊

地がわれらを圧迫して、とうとう最後の路地にまで追い詰めてゆく。
われらは何とか通り抜けようと、自分の手や足まで捥ぎ取ったというのに
地はわれらを締め付ける。小麦だったら死んでもまた生まれることができるだろうが
地が母親だったら、慈しみでわれらを癒してくれるだろうに
われらが岩に描かれた絵であったなら　鏡のように夢が運び去ってくれるだろうに。
多々魂の最期の戦いのとき、われらの中で最後に生き残った者が
殺そうとしている者の顔を一瞥する。
われらは殺戮者の子供たちのお祝いパーティを想像し悲しむ。
この最後の場所に開く窓から、われらは自分たちの子供たちを放り投げた者の顔を見た。
星がひとつ、われらの鏡を磨いてくれるだろう。
世界の果てに辿り着いたとき、われらはどこへ行けばよいのか。

最後の空が終わったとき、鳥はどこで飛べばよいのか。
最後の息を吐き終えたとき、草花はどこで眠りに就けばよいのか。
われらは深紅の霧でもって自分の名前を記すのだ！
みずからの肉体をもって聖歌を終わらせるのだ。
ここで死ぬのだ。この最後の路地で死ぬのだ。
やがてここかしこで、われらの血からオリーヴの樹が生えることだろう。

マフムード・ダルウィーシュ「地がわれらを圧迫する」

ダルウィーシュの名前を初めて知ったのは、一九八七年、コロンビア大学に客員研究員として滞在し、エドワード・W・サイード教授の比較文学の授業に顔を出していたときだった。
サイード先生はわたしに、空手と柔道はどっちが強いのかと質問し、わたしはたぶん空手だろうと答えた（後に彼の息子ワジは空手を学び、パレスチナ自治区の西岸でそのヴォランティア教師をしたと聞いた）。そのとき彼が見せてくれたのが刊行されたばかりの著

作『最後の空の下で』であった。
わたしは大学の向かいにある書店街で、ただちにそれを買い求めた。そしてこの題名が、パレスチナの詩人マフムード・ダルウィーシュの「地がわれらを圧迫する」という詩に由来していることを知った（後にこの本は法政大学出版局から、『パレスチナとは何か』という題名で刊行された）。
わたしはサイードの引用している彼の詩の悲痛さに、つい言葉を失った。残念ながらアラビア語はできない。そこでこの詩人の英訳アンソロジー『運が悪いことに、それは天国だったのです』を読みだした。そしてすっかり彼の詩にハマッてしまい、十数篇の詩を日本語に直すと、長い解説をつけて刊行した。自費出版にかぎりなく近いものだから、どうか著作権使用料は勘弁してほしいと、ラッマラーの詩人に直接ＦＡＸを送ると、秘書から返事が来て、彼が日本語訳を喜んでいると書かれていた。即座に翻訳は許可された。

マフムード・ダルウィーシュは一九四二年、イギリス統治下のパレスチナ北部、アッコの近くの小さな村に生まれた。一九四八年、六歳のとき、シオニストたちが突然に「イスラエル」なる国家の成立を宣言し、軍隊が村を占領した。一家は虐殺から逃れるため、とりあえずレバノンに避難。一家は翌年にこっそり村に戻って来たが、イスラエル側の人口調査はすでに終わっていた。彼らは住民登録証もないまま、すっかり破壊された村で生活をすることになった。その場所に存在していながらも、法的には存在してないという状況は、幼ないマフムードの人生を決定づけることになった。

八歳のとき、小学校で成績優秀な彼は、居並ぶ来賓を前にイスラエル国家を顕彰する詩を朗読するよう命じられた。そこで、ユダヤ人の同級生に語りかけるという設定で、〈きみには家があるけれど、ぼくにはそれがない。きみは太陽の下で好きなだけ遊べるし、おもちゃもたくさん持っているのに、ぼくには何もない。どうしていっしょに遊んじゃいけないのだろう〉という内容の詩を書いて読み上げた。デビュー作である。だがこの詩が物議を醸し、少年は翌日、軍司令官に呼び出され、さんざん罵倒されたあげくに、転校を強いられた。後に彼はイスラエル官憲の手でいくたびとなく投獄されるのだが、これがその受難の始まりである。

「地がわれらを圧迫する」は一九八〇年代に執筆された。それから四十年ほど後、二〇二三年に読み直してみると、ここに描かれている光景と状況は、現在もいささかも変わりない。いや、もっと酷くなっていることがわかる。ワイルドは「自然は芸術を模倣する」という反語を吐いたが、この詩に関するかぎり、ガザの状況はまさしくこの詩を追認するかのように展開してきたのだ。

ダルウィーシュは高校を卒業するとイスラエル共産党に入党し、ハイファに住む。一九六四年に処女詩集を刊行。七〇年にはキム・ジハに先駆けてロータス賞を受け、モスクワに留学。ＰＬＯがパレスチナ解放を訴えだすと、ただちに共感して参加し、ベイルートへ。やがてパリに亡命。そこでも旺盛な詩作活動を開始した。

オスロ「合議」のとき、アラファトから自治政府への入閣を求められたが、マルローの途を歩むのは自分の任ではないといって固辞した。代わりに彼は、一九八二年のイスラエル軍によるベイルート侵攻の日々の日常を、八月六日、広島の被爆の日から書き起こした壮絶な記録、『忘却のための記憶』を執筆した。そこには「記憶は回想などしない。ただ、その上に降りしきる歴史の雨を受け留めるものだ」という言葉が記されている。二〇〇四年にはサラエヴォに渡ってジャン＝リュック・ゴダールのフィルム『われらの音楽』に出演した。

彼は二〇〇八年、二十二冊目の詩集『蝶の印象』を刊行した直後、心臓手術の失敗で逝去した。享年六十七。サイードは彼の苦境に共鳴し、晩年の詩が強い緊張をもって、容易な解決を拒む性格をもっていると指摘し、アドルノの説く「晩年の様式」がまさに体現されていると論じた。

日本で追悼文を草したのは小中陽太郎だった。氏から直接に聞いたところによると、アジア・アフリカ作家会議の関連で、一九七四年にモスクワのホテルでダルウィーシュと同室になった。二人でホテルの美人受付嬢を競争して口説いたのだが、もう少しのところでダルウィーシュに負けてしまった。あいつはプレイボーイとして大したものだとのことである。わたしはこうしたエピソードが大好きだ。

〈運が悪いことに、天国だったのです。〉

この言葉が一九八〇年代のダルウィーシュの詩と、それから五十年後のガザで共同制作された「雲のアトリエ」を、強く連結させている。何と強烈なアイロニーをもった言葉だろう。

今、この文章を記している十一月十一日、イスラエル軍の空爆と侵攻によって、ガザはまさに破壊と虐殺のさなかにある。あの時に見ておいてよかった。「雲のアトリエ」をはじめとする美術作品は、もうとうに焼け崩れてしまったのだろうと、わたしは悲観していた。いったい誰があの大作の全容を、後世に記憶することだろうと。

だが幸いにもＩＭＡのパレスチナ大美術展は十一月十九日まで開かれていると判明した。ということは、展示作品はすべてパリにあるということだ。

わたしは一瞬、安堵した。だがそれを描いた人、共同制作した人、被写体になった人の安否はわからない。地下鉄マップとチケットは存在してるが、地下鉄はもとからない。存在しているのは、最深部において深さ八〇メートルに達するという、蟻の巣のような地下道だけである。この地下道を沖縄のガマ、チェジュドのクン・ノルケ（巨大な洞窟）と重ね合わすところから、わたしは思考を組み立て直さなければならない。われわれではない。わたしのことである。

第4章

Le Monde diplomatique

LE MONDE diplomatique 日本語版

UKRAINE

ウクライナ危機の背景

ダヴィド・トゥルトリ
David Teurtrie
フランス国立東洋言語文化学院(Inalco)客員研究員
Russie. Le retour de la puissance, Armand Colin, Malakoff, 2021. の著者

ロシアによるウクライナへの侵攻が始まった。同地域を舞台とする東西の緊張関係の背景には冷戦終結後の米露の思惑のすれ違いがある。さらには、西欧諸国、とりわけフランスとドイツがこれまで紛争解決のために積極的に役割を担おうとしなかったことも事態の悪化に影響しているという。

［日本語版編集部］（仏語版2022年2月号より）

欧州の東側の入り口に聞こえる軍靴の響きに西側諸国が慌てふためいている。ロシアは、自国領土の保全に関する保証を得ようとして、ウクライナ国境に軍隊を集結させながら、米国に対して二つの条約案を提示し、欧州の安全保障の構造を変えようとした。北大西洋

条約機構（NATO）の東方拡大を公式に凍結すること、NATO軍の東欧からの撤退、そして欧州に配備された米国核兵器の引き揚げをロシアは求めたのである。最後通牒の形をとるこれらの要求がその通りには受け入れられず、ロシアによるウクライナへの軍事侵攻の脅威が迫っている。

これには二つの正反対の解釈がある。一つは、ロシアは米国と欧州から譲歩を引き出すために次々と難題を突き付けているという解釈で、もう一つはこれとは反対に、ロシアは要求が拒絶されればウクライナへの実力行使を正当化する口実にしようとしているという見方だ。いずれの場合でも、ロシアが武力行使も辞さないと決めたのはいつか、なぜこうした危ないまねをするのか、そして、なぜ今なのかが問われる。

二〇一四年以降、ロシアは西側による経済制裁、とりわけ銀行・金融部門への深刻なショックをしのぐための経済機能を相当に増強してきた。中央銀行の外貨準備における米ドル比率を減らし、「金融制裁によって欧米のVISA、マスターカードなどが使えなくなったので」人口の八七パーセントは今や「ミール」と呼ばれるロシア版の決済カードを携えている。そして、米国が二〇一二年と二〇一八年にイランに対して行なったように、ロシアに国際金融決済システムSWIFTを使わせないという脅しが実行に移された場合には、ロシアの銀行や企業間の金融決済は現地の情報通信システムで行なえるようになっていると言われている。こうしてロシアは、米露対立による厳しい制裁に対して以前より備えができていると考えている。

一方で、二〇二一年春にウクライナ国境にロシア軍が出動したときは、戦略上の問題とサイバーセキュリティの問題に関する米露対話が再開された。今回もロシアは明らかに、緊張を強いる戦略のみが自分たちの主張に西側の耳を傾けさせ、米国のバイデン新政権が中国との深まる緊張関係に専念するために、さらに譲歩をするのではないかとみている。

ところで、ウラジーミル・プーチン氏は、ウクライナを彼がいうところの「反ロシア」国家に転換させようという西側の企てに歯止めをかけたいと思っているようだ(1)。実際彼は、二〇一四年九月に調印されたミンスク合意(2)によって、ウクライナ東部ドンバス地域の二つの共和国を通じてウクライナの政治に目を光らせることができると期待していた。現実には全く逆のことが起こった。この合意による停戦の実行が滞っているばかりではなく、二〇一九年四月に選出されたウクライナのヴォロディミル・ゼレンスキー大統領が当初はロシアにウクライナとの関係修復の希望を抱かせたものの、実際には前任者がコミットしていた「ロシア世界」と訣別する政策を推進していったのだ。さらに悪いことに、ウクライナとNATO間の軍事技術面の協力関係が深まる一方で、トルコ（NATO加盟国でもある）が戦闘用無人航空機をウクライナに売却したことで、ロシアはウクライナがこれを使ってドンバス地域を軍事力で奪回しようとするのを恐れた。したがって、ロシアは手遅れになる前に主導権を取り戻す必要があると考えたのかもしれない。しかし、現在の緊張関係の原因であるさまざまな要因とは別に、ロシアは、冷戦終結以降主張し続けている要求を繰り返しているに過ぎないと考えざるを得ない。それらの要求に対して、西側諸国は受け入れられない、あるいは不当だとまで言って拒否し続けている。

この行き違いは一九九一年の共産圏の崩壊に遡る。本来ならば、「共産圏諸国間の軍事協定である」ワルシャワ条約機構の解体は「ソ連の脅威」に備えて創設されたNATOの解消に繋がってしかるべきだった。西側に接近したいと願っていたこの「もう一つの欧州」を統合する新たな方法を西側は提案すべきであった。ロシアのエリートたちが、おそらくそれまでになく西側に好意的で、戦うことなく彼らの帝国の解体を認めていただけに、この時期は好機と思われた(3)。しかしながら、とりわけフランスが提言していたこうした提案は、米国の圧力によって葬り去られた。ソ連に対する「勝利」を奪われたくない米国は、冷戦で生まれた米国と欧州の協力体制を東側に向けてさらに推し進め、欧州での米国の優位を強めたいと考えていた。そのために、米国は「中欧」での影響力の復権を願うドイツという有力な同盟国を利用することになる。

国際法を犯してでも

西側指導者たちはミハイル・ゴルバチョフ氏に対してはそういうことはないと約束していたが、早くも一九九七年にはNATOの東方拡大が決定された(4)。米国では、一流の識者のなかにはこれに反対する人たちもいた。ソ連封じ込め政策の立案者とされていたジョージ・ケナンも、このような決定が必然的にもたらす不幸な結果を見抜いていた。「NATOの拡大は冷戦終結後における米国の最も致命的な政策となるでしょう。この決定が、ロシア世論の国粋主義的、反欧米的、軍国主義的傾向を煽ることを懸念します。東西関係に冷戦の様相を蒸し返し、ロシアの外交政策を我々が望むのとは違う方向に向けさせることになるでしょう(5)」

一九九九年に、盛大に創設五〇周年を祝ったNATOは、最初の東方拡大(ハンガリー、ポーランド、チェコ共和国)を果たし、このプロセスをロシアとの国境まで進めると宣言した。ことに、同時期にユーゴスラヴィアに対する戦争を開始したことによって、NATOは西側ブロックの防衛組織から攻撃的同盟へと変質していった。ユーゴスラヴィアに対する戦争は国連の承認なしに行なわれたので、ロシアは安全保障理事会での拒否権という自分たちに残された最後の手段を行使できなかった。あれほど自国を西側と統合することを当てにしていたロシアのエリートたちは裏切られたと感じた。ソ連の崩壊に尽力したボリス・エリツィンを大統領とする当時のロシアは、共産主義体制の終焉に貢献したことで報いられるべきパートナーではなく、冷戦の大敗北を喫し地政学上の代償を払うべき国として扱われた。

逆説的ではあるが、翌年プーチン氏が政権に就くとむしろロシアと西側の関係が安定した時期に入る。このロシアの新大統領は二〇〇一年九月一一日の米国同時多発テロ事件の後は米国に対して友好的な振る舞いを繰り返した。彼は、米国が中央アジアに一時的に軍事基地を設置することを容認すると同時に、キューバの旧ソ連基地の閉鎖と、さらにはコソヴォに駐留するロシア軍の撤収を命じた。それと引き換えにロシアは、彼らのいわゆる周辺諸国である旧ソ連地域をロシアの責任領域であると西側に認めさせることを望んだ。ところが、欧州、とりわけフランスおよびドイツとロシアとの関係はどちらかと言えば良好だったが、米国との間では無理解が招くさまざまな要因が重なった。二〇〇三年には国連の承認なしに米軍がイラクに侵攻して国際法に違反し、フランス、ドイツ、ロシアから一致して非難された。欧州大陸の三大国が共同して反対を唱えたことは、ロシアと欧州が接近して米国の主導権に影響を及ぼすのではないかという米国の懸念を強めた。

その後の数年間で、米国は東欧にミサイル迎撃装備を設置し、西側が新たな常設軍事施設は建設しないとロシアに対して約束した「ロシア・NATO基本文書」（一九九七年調印）に違反した。そのうえ米国は、一九七二年に調印した弾道弾迎撃ミサイル制限条約（ABM条約）から二〇〇一年一二月に脱退して、核兵器削減の諸合意を白紙に戻した。

正当な懸念とも強迫観念ともいえる被包囲不安を抱くロシアには、旧ソ連領土での「色の革命」［中東欧、中央アジアの旧共産圏諸国での民主化を要求する反政府運動］は自国の玄関先に西側寄りの政権樹立を目指す動きと映った。事実、二〇〇八年四月には、米国は欧州の同盟諸国に対してジョージアとウクライナのNATO加盟を認めるように強力に圧力をかけた。当時、ウクライナ国民の大多数はNATO加盟に反対していたにもかかわらずだ。同じ頃、米国はコソヴォの独立を承認するようにも圧力をかけた。当時、法的にはコソヴォはセルビアの一つの州だったので、これも新たな国際法違反であった。

西側が他国への干渉主義と、欧州大陸の国境の不可侵性の見直しというパンドラの箱を開けると、ロシアはこれに対抗して、二〇〇八年にジョージアに軍事進攻し、さらに南オセチアとアブハジアの独立を承認した。ロシアはNATOのさらなる東方拡大を何としてでも阻止する姿勢を示したのだ。しかしジョージアの領土の一体性に異議を唱えることで、彼らも国際法違反を犯すことになる。

ウクライナ危機によってロシアの恨みは後戻りできないところまで到達した。二〇一三年末、欧米諸国は、ヴィクトル・ヤヌコヴィッチ大統領の退陣に繋がったデモを支持した。しかし二〇一〇年に彼が大統領選挙に勝ったときは、民主主義のプロセスに適うものと考えられていた。ロシアは、西側は何としてでもウクライナを西側陣営に引き寄せるためにクーデタを支持したと解釈した。それ以降ロシアは、ウクライナへの介入（クリミアの併合、ドンバス地域の分離主義者に対する非公式の軍事支援）は、西側がウクライナに対して行なった強引な引き寄せ策に対する正当な対抗措置だと説明するようになった。西側諸国は、冷戦後の世界秩序に対する例のない挑戦だと非難している。

二〇一四年九月に締結されたミンスク合意は、ドンバス地域の紛争を話し合いで解決させるためにフランスとドイツが主導権を握る機会だった。両国が消極的な姿勢から脱却するためには、欧州大陸で武力紛争が起こる必要があった。しかし七年後に、状況は泥沼にはまり込む。ウクライナは合意文書にもかかわらず、ドンバス地域に自治権を認めることを拒み続け、ウクライナ寄りと非難されたフランスとドイツが何もできないのをみたロシアは、ウクライナの本当の庇護者とみた米国との直接交渉を模索する。さらにロシアは、米国のあらゆるイニシアティヴに対して、もっとも疑わしいものであっても欧州は何ら抵抗することなく受け入れるのをみて驚いた。二〇一九年二月に米国が中距離核戦力全廃条約（ＩＮＦ条約）を破棄したときもそうだ。欧州諸国は真っ先にこの種の核兵器のターゲットになる可能性があるのだから彼らはこれに反対して然るべきだったにもかかわらずそうしなかった。［フランス戦略研究財団の］研究員イザベル・ファコンによれば、ロシアは「苛立ちを隠すことなく、常に、欧州諸国は救いがたいほどに米国に対して自主性を持てず、国際的な戦略状況の悪化に直面しても自ら責任を取ろうとしない(6)」とみていた。

欧州の対米追随主義

さらに驚くべきことがある。それは、ロシアと米国が戦略上の諸問題について交渉を再開し、新戦略兵器削減条約（新ＳＴＡＲＴ）の五年間延長がバイデン＝プーチン首脳会談によって二〇二一年六月に決まったときに、ＥＵはロシアとの緊張緩和を推進するどころか、ロシア大統領と首脳会談を行なうという方針でＥＵ内の合意形成ができなかった。他の国々とともにこの会談を阻止したポーランドは「首脳会談を行なっていたら、プーチン大統領の攻撃的な政策を懲らしめるどころか、彼の評価を高めていたかもしれない(7)」とする。この対話拒否は、ＥＵに隣接するもう一つの大国トルコに対する欧州諸国の姿勢と際立った対照を見せている。トルコの積極的軍事介入（キプロス島北部やシリアの一部領土の占領、イラク、リビア、コーカサスへの派兵）にもかかわらず、ウクライナの同盟国でもあるトルコのレジェップ・タイップ・エルドアン氏の強権的な政権はEUによる制裁の対象には全くなっていないのだ。ロシアに対してはこれとは反対に、その動きに応じていつも一連の新たな制裁的措置を取るばかりである。ウクライナに関しては、交渉の門戸は開かれているというNATOの見解を繰り返し述べることしかせず、フランスとドイツを先頭に欧州の主要国は、過去にも反対を表明しており、結局はウクライナのNATO加盟を認めるつもりは全くない。

ロシアと西側諸国間の危機は、欧州大陸の安全保障がロシアを抜きにしては語れず、ましてや同国の意思に反しては成立し得ないことを示している。逆に米国は、欧州での主導権を強化するためにさかんにロシアを排除しようとしている。他方で、フランスを筆頭とする西欧諸国は、米国の挑発的なイニシアティヴを阻止し、欧州大陸に再び断層が生じないように包摂的な体制の枠組みを提案するヴィジョンも勇気もない。こうした対米追随主義の結果、フランスも欧州諸国も米国から軽くあしらわれることになる。米国が欧州諸国と協議もせずにアフガニスタンからの撤兵を決め、フランスに何の相談もなく［仏豪間の潜水艦共同開発契約の解除に繋がった］太平洋地域での軍事同盟［米英豪安全保障協定AUKUS］を創設したことも、こうした米国の傍若無人な振る舞いの最近の事例である。ウクライナでの戦争の脅威を背景に、旧大陸の安全保障に関する米露の駆け引きを欧州諸国は今や観客然として見守るだけである。

（訳／生野雄一）

(1) *Cf.* Vladimir Poutine, « Sur l'unité historique des Russes et des Ukrainiens », site de l'ambassade de la Fédération de Russie de France, 12 juillet 2021.

(2) ［訳注］ウクライナ、ロシア、ドネツク人民共和国、ルガンスク人民共和国の間で締結された合意で、ウクライナ東部のドンバス地域での停戦を目的とするもの。ドネツク人民共和国とルガンスク人民共和国は、ウクライナ東部のドネツク州とルガンスク州のうちロシア連邦への編入を求めて分離独立を宣言した地域で、ウクライナ政府の管轄が及んでいない。ここで言及されている二〇一四年九月調印の「ミンスク合意」は、これによる停戦合意が守られなかったために、二〇一五年二月に改めてロシア、ウクライナ、フランス、ドイツが合意をまとめており、最近のマスコミが「ミンスク合意」としているのは後者を指している。

(3) Lire Hélène Richard, « Quand la Russie rêvait d'Europe», *Le Monde diplomatique*, septembre 2018.

(4) Lire Philippe Descamps, « "L'OTAN ne s'étendra pas d'un pouce vers l'est" », *Le Monde diplomatique*, septembre 2018.

(5) George F. Kennan, «A fateful error», The New York Times, 5 février 1997.

(6) Isabelle Facon, « La Russie et l'Occident : un éloignement grandissant au cœur d'un ordre international polycentrique », *Regards de l'Observatoire franco-russe*, L'Observatoire, Moscou, 2019.

(7) Déclaration du premier ministre polonais Mateusz Morawiecki, conférence de presse à Bruxelles, 25 juin 2021.

Le Monde diplomatique 日本語版

UKRAINE

米大統領選挙に殴り込むウクライナ戦争

――共和党を分裂させる議論

セルジュ・アリミ
Serge Halimi
ル・モンド・ディプロマティーク編集記者

来年の大統領選挙に向けて、孤立主義を意味する「アメリカ・ファースト」を唱えるドナルド・トランプ氏が共和党内で支持を集めている。歴史的に共和党の政策は「孤立主義」と「帝国主義」との間で揺れ動いてきたが、現在、ウクライナ支援をめぐって党内の議論が真っ二つに分かれている。ある共和党員はウクライナ支援が十分ではないとしてバイデン政権を非難するが、別の共和党員はウクライナ支援は米国の優先課題ではないと主張している。大統領選挙に向けた議論がウクライナ戦争の将来を大きく左右する可能性がある。

［日本語版編集部］（仏語版２０２３年８月号より）

この半世紀近く、地政学的な問題は米大統領選挙にほぼいかなる影響も及ぼすことはなかった。湾岸戦争（一九九一年一月～三月）で、H・W・ブッシュ大統領は衝撃的な勝利を果たしたが、それでも彼は翌年の大統領選挙で、外交経験のない無名のアーカンソー州民主党知事（ビル・クリントン氏）に敗北を喫した。

米兵は一人も参戦していないウクライナ戦争は、すでに共和党の大統領選候補者の間で幅広い議論の的になっている。ジョー・バイデン大統領は自党での信任を確かなものにしているようであり、ヴォロディミル・ゼレンスキー大統領への米国の支援について意見がほぼ一致している民主党陣営ではそれほどの議論にはなっていない。

外国、特にウクライナで起きていることは今回、国会議員、論説記者、シンクタンクの専門家らワシントンの小世界以上に米国人の関心を引いている。反対にアメリカで起きていることは、ウクライナにとってもっと差し迫った問題なのだ。ウクライナの指導者たちは、バイデン氏が大統領に再選されるのか、共和党候補者から当選者が出るのかによって自分たちの運命が大きく変わると考えている。ウクライナ問題について共和党候補者の見解はさまざまなので、どちらに転ぶのかを見極めることは依然として重要なのだ。ドナルド・トランプ氏の忠臣といわれた前副大統領のマイク・ペンス氏がトランプ氏に対抗して出馬するのをみても明らかだ。

去る七月一四日、共和党候補者による討論会が開催された際、インタビュアーを務めたジャーナリストのタッカー・カールソン氏は候補者間で対立する議論のやり取りを不躾な言葉で要約した。トランプ氏からやや軽蔑されているとはいえ、トランプ支持者である彼は、共和党員の間で格別の人気と影響力を保持しており、特にウクライナ紛争について断固とした意見を表明している。彼はゼレンスキーを「独裁者」とみなして嫌っており、ウクライナ戦争は多分に米国によって引き起こされたと主張し、「今こそ米国はウクライナへの資金援助をやめるべきではないか」と繰り返し表明している。ペンス氏は、米国のウクライナ政府への武器供与は遅すぎるとバイデン氏を非難すると、カールソン氏から言い返された。カールソン氏は討論会でペンス氏にこう激しく吠えた。「あなたはウクライナではアメリカの戦車が不足していると嘆いているが、過去三年間でアメリカの各都市の状況は悪化している。車を走らせてみればすぐ気がつくことだ。米国経済は傾き、自殺率は跳ね上がり、街中の不潔さや無秩序、犯罪が急激に増加している。なのにあなたは、ここにいる人のほとんどが地図上でどこに位置するのか分からないような国であるウクライナに戦車が足りないことを心配している。こんなことにかまけているアメリカが心配ではないのか、と問うことは不当なことではない」。聴衆からスタンディング・オヴェーションが起きた。

「自国の問題に立ち向かうべき時だ」

ペンス氏や他の共和党候補者が支持してきた帝国主義的新保守主義（ネオコン主義）は長らく、ロナルド・レーガンとブッシュ・ファミリーの党にとって支配的だった。だが、現在はそうではない。この転換は、トランプ氏自身と、国外での戦争と企業の国外移転によって米国に経済的・社会的「惨状」を引き起こしたとする彼の確信に帰せられる。確かに、トランプ前大統領はこうした考え方を世間に浸透させ、二〇一六年の大統領選挙ではヒラリー・クリントン氏を打ち破って勝利を収めた。とはいえ共和党陣営で帝国主義よりもナショナリズムを重視した人物はトランプ氏が最初ではない。リチャード・ニクソン大統領とレーガン大統領の下で首席補佐官を務めたパトリック・ブキャナン氏は、早くもソ連崩壊直前の一九九一年九月に「共産主義の脅威」が消え去ったのだから、米国は世界の警察官として行動することをやめなければならない、そして「アメリカ・ファースト」の政策をとらなければならないと主張していた。

三〇年以上前にブキャナン氏がワシントン・ポスト紙のコラムで書いたことは、今日では想像できないことだ。だが、去る七月のカールソン氏の発言をほぼ文字通り先取りし、「グローバリズム」と孤立主義をめぐる現在の共和党内部の対立を理論面で裏付けるものだ。ブキャナン氏はこう書いている。「レーガン連合を結束させてきた右派ドクトリンである反共産主義は、もはや通用しない。（……）だからアメリカ人は今後、他の諸国民の近所に勝手に入り込み、その国民の内部紛争に首を突っ込む前に、深く自問しなければならない。なぜそれが我々の問題なのか？　なぜ我々は第二次世界大戦が終わって四六年も経つのに、我々の市場を奪ってきたドイツと日本を守らなければならないのか？　セントラル・パークで犬の散歩をしている女性たちが殺害されているというのに、なぜ我々はペルシャ湾の平和を守らなければならないのか？　我々の街で無作法や暴力、民族間の緊張の高まりが起きているのだから、自分たちの社会に注意を向けなければならない。『アメリカ・ファースト』は、アメリカ人が外国に戦いに行くのは、我々の最重要利益が冒される場合だけだという考えに基づいている。（……）我々の戦争、すなわち冷戦は終わった。今や我々は自国の問題に立ち向かうべきだ(1)」

当然、ブキャナン氏は米国が冷戦時に結んだあらゆる軍事支援協定を破棄すること、そして米国が自らをラテンアメリカの番人とする「モンロー主義」(2)を大幅に限定的な方法で解釈し直すことを求めた。「北大西洋条約機構（ＮＡＴＯ）への加盟を求めていたポーランド、ハンガリー、チェコスロヴァキアから非難されても、アメリカの核の傘はさらに東方へと拡大すべきではない。ドワイト・アイゼンハワーはブダペストで反ソ蜂起が起きた一九五六年にハンガリーのために戦おうとはしなかったし、我々は東欧のために戦いに行くことはない(3)」。ブキャナン氏は一九九二年に行なわれた共和党の大統領選予備選挙で「冷戦の勝利者」といわれたジョージ・H・W・ブッシュ大統領の対立候補として出馬し、二三パーセントの票を獲得した。それが本選挙でのブッシュ氏の敗北に繋がった「予備選挙でブキャナン氏が予想以上の票を集めたことで脅威に感じたブッシュ陣営は保守的な路線を打ち出した。その結果、本選挙で中道派の票を失い、それが敗因に繋がったといわれている」。

二〇〇一年九月一一日の同時多発テロ事件は孤立主義の政策をわきに追いやり、「対テロ戦争」の擁護者であるネオコン主義を利する結果となったが、米国のアフガニスタンとイラクでの失敗、企業の国外移転、自由貿易主義や帝国主義のエリートの信用失墜が共和・民主両党において、孤立主義への誘惑を蘇らせた(4)。バラク・オバマ氏は二〇〇八年の民主党の大統領選予備選挙で、尊大さとグローバリゼーションの権化であるヒラリー・クリントン氏を打ち負かすために、それを巧みに利用した。ついで、その八年後の二〇一六年の大統領選挙でもクリントン氏はその教訓を生かすことができなかった。その結果、オバマ氏の次の大統領にトランプ氏が就任することになった。就任直後、トランプ氏はこう宣言した。「二〇一六年にアメリカ人は腐り切ったグローバリズムを拒絶した。私は米国の大統領だ。世界の大統領ではない」

だが、この選挙結果は共和党においてさえ、トランプ氏にその主張の勝利を保証することはなかった。トランプ氏が「大統領選挙で」粉砕したネオコン主義の共和党員は現在も勢力を維持しており、いささかも好戦的な態度を変えることはなかった。レーガン流の帝国主義を懐かしむメディアの多く、特にFOXニュース、ウォールストリート・ジャーナルは、米議会の共和党議員の多数やワシントンのシンクタンク、共和党への高額寄付者と同様に、ネオコン主義を支持した。直情的で傲慢かつ自分の言葉に陶酔し、いかなるテーマであっても学習できないトランプ氏は、厚かましくもトランプ氏におもねり、自身が選択した外交政策の足かせになった「タカ派」を自分の政権に多数入閣させ、さらに問題を拡大した。トランプ政権の副大統領、国務長官、国防長官、安全保障担当の大統領補佐官、国連大使は強硬なネオコン主義者だった。そのうちの一人、ジョン・ボルトン氏はとんでもない狂信者でもあった。トランプ氏は、新たな譲歩を引き出すため外国の元首をたじろがせようと欲するたびに、この「愚か者」「偏執狂」を同行させたと冗談を言ったことがある。ホワイトハウスでは、ディープステート「内部で権力を行使する隠れた政府」と軍産複合体が非公式に大歓迎されていたのだ。

その結果、トランプ氏はシリア空爆をいく度も命じ（そこで米軍は数十人のワグネルの兵士を殺害している）、ロシア政府に対する新たな制裁を認め（米議会で、トランプ氏を無理やり引きずり込もうとした共和党議員を含む圧倒的多数によって議決された）、そしてウクライナ政府にジャベリンミサイルを供与した。トランプ氏はいかなる大統領も自分ほど「ロシアに厳しく対処しなかった。私はウクライナに武器を与えたが、オバマは枕を与えただけだ(5)」とまで自慢した。二〇一七年一二月、トランプ政権がアメリカの新たな戦略的方向性を詳細に発表したとき、ニューヨーク・タイムズ紙でさえこのように満足感を表明した。「トランプ氏の戦略レポートの多くの要素は前任者たちが打ち出していてもよかったものだ」

こうした政策の一応の連続性は、トランプ氏が再選されていれば、問題にされていたかもしれない。二〇一六年、ウクライナは大統領選挙キャンペーンにおいて取るに足らないテーマにすぎなかった。現在では、それが軍備過剰の米露二大国間で深まっている対立の源泉となっている。それは米国予算のうえで巨額の支出項目になり（ウクライナ支援はすでに八〇〇億ドルを超えている）、外交政策の領域をはるかに超えた問題となっている。

共和党員の大多数もそうだが、トランプ氏は自分がロシアと陰謀を企てていると誤った非難をした人たちを嫌悪している(6)。彼は、自分を困らせ追い詰めようとする狙い（その通りになったが）の下に、ウクライナ支援を神聖不可侵な大義名分の一つとみなす情報機関と大手メディア、民主党の共同謀議によって大統領職を阻害されたと考えている。

トランプ氏は、二〇一九年に彼に対して最初になされた弾劾訴追が、彼とゼレンスキー大統領との間の通話記録によるものだったのを忘れることはないであろう。その内容は秘密にされるべきものであったはずだ。その電話でトランプ氏はバイデン氏を追い詰めることのできる暴露と引き換えに米国のウクライナに対する資金援助を具体化したとみなされている。トランプ支持者たちは、当時、アメリカ国家安全保障会議（ＮＳＣ）に勤務し、米大統領と相手国との通話内容を聴く職務に就いていたウクライナ出身の米国人、アレクサンダー・ビンドマン陸軍中佐が通話内容を暴露したのは、民主党に有利な結果を得るためだったと確信している。そのことは大概の共和党員がこれまで以上にウクライナより「大統領選挙の勝敗を決するといわれる」米北東部メーン州を重要視するもう一つの理由となった。

ウクライナ問題については共和党におけるトランプ氏の主要なライバルでさえ、トランプ前大統領の立ち位置とほとんど違わない。実際、ロン・デサンティス氏は進行中の戦争をロシアとウクライナの間の「領土をめぐる争い」とみている。それは「中国を封じ込める」ことや移民に対する米国の国境警備のように、「米国にとって死活問題となるような国家的利益」に関するものではない。レーガンやブッシュ（父）流の帝国主義的政策を懐かしむ共和党候補者らは、ウクライナ国民に対する思いからウクライナ支援を打ち出しているわけではない。とはいえ、彼らにとって世論調査の結果は芳しいものとはいえない。その一人、［サウスカロライナ州選出共和党下院議員］ニッキー・ヘイリー氏は「ウクライナが勝てば、中国は負ける」と主張し、ティム・スコット共和党上院議員は「ロシア軍を弱体化すれば、米国の主権領土が攻撃される可能性は減少する」と率先して発言している。

トランプ氏はホワイトハウスを去る日に「ここ数十年間で新たな戦争を始めることのなかった初の大統領であったことを大変誇らしく思っている」と述べた。実際には、彼はシリア空爆と［イスラーム革命防衛隊の］イラン人将軍ガーセム・ソレイマーニーのイラクでの暗殺を命じているが、オバマ氏のようにリビア侵攻もイラク、アフガニスタン、コソヴォ戦争も自分の業績とすることはなかった。戦争に行くのはプロレタリア階級であり、美徳に基づく帝国主義を奨励するのは高学歴のブルジョワ階級だ。だから、トランプ氏に対する根強い偏見とは違って、トランプ氏の支持基盤である大衆は極右を含めて彼に感謝している(7)。アメリカの一六〇〇万人の退役軍人はこの二〇年間、ファルージャやカンダハルで、自分たちや仲間の無意味な犠牲を目の当たりにしてきた。そのうえ、二〇二〇年八月の共和党大会の際、ドナルド・トランプ・ジュニア氏は父親同様、米国のウクライナへの軍事援助に反対し、「もし民主党員が本当に恵まれない少数派の人々や地域を援助したいと望んでいるのなら、終わりなき戦争に終止符を打ち、外国の問題を解決するため米国の若者を外国へ派遣するのをやめなければならない」と指摘している。

サウスカロライナ州選出の共和党上院議員、リンゼー・グラム氏が米議会で最も好戦的な議員の一人であることは異論の余地がない。多くの場合、軍事産業からの寄付で懐を満たしている議員たちは、ほぼ全員が巨大な軍事予算を承認している（過去一年間で八七七〇億ドル）。この一年間で三回キエフを訪問しているグラム氏は、米国のウクライナへの資金援助を大幅に拡大することを望んでいるという。だが、彼はまた、選挙における純粋な日和見主義に基づいてトランプ氏の大統領選挙立候補を支持している。去る七月二日、彼はこの曖昧な立場によって高い代償を支払うことになった。彼は自分のホームグラウンドであるサウスカロライナ州で開催されたトランプ氏支持者の大集会で、参加者である共和党支持派の群衆から罵声を浴びた。このことは、開戦当初の二〇二二年三月には九パーセントと少数だった、ウクライナへの追加援助に反対する人々が今後、共和党内で多数派になる新たな兆候といえる。

反対に、ネオコン主義者が幅を利かせている民主党陣営では、トランプ氏の孤立主義宣言がウクライナ支援という大義名分の支持者たちを勢いづかせている。もしウクライナ戦争が来年まで続くとしたら、この戦争は米国大統領選挙の投票行動の鍵となるであろう。それは今まで見られなかった、時には［ウクライナ支援に関して］全く逆転した外交政策をめぐる議論の到来を予見している。

（訳／土田修）

(1) Patrick Buchanan, «Now that Red is dead, come home, America », The Washington Post, 8 septembre 1991.
(2) ［訳註］一八二三年にモンロー大統領が「モンロー教書」の中で示した米国の外交理念。米国は欧州諸国に干渉しないが、同時に米大陸全体に対する欧州諸国の干渉にも反対するという思想。この考えは米国外交政策の基本として二〇世紀前半まで維持された。
(3) Ibid.
(4) Lire Benoît Bréville, « Les États-Unis sont fatigués du monde », *Le monde diplomatique*, mai 2016.
(5) Fox News, 16 octobre 2018.
(6) Lire Serge Halimi et Pierre Rimbert, «Tcher-nobyl médiatique», *Le Monde diplomatique*, mai 2019.
(7) Lire Christopher Mott, «Les noces de la guerre et de la vertu», *Le Monde diplomatique*, janvier 2023.

LE MONDE diplomatique 日本語版

PALESTINE

パレスチナ、繰り返される不正義

アラン・グレシュ
Alain Gresh
オンラインメディア"Orient XXI"編集長

一九六七年六月五日の夜明け、イスラエル軍がエジプトの空軍基地を壊滅させた。六日間で、イスラエルは、シナイ半島、シリアのゴラン高原および「イスラエルが独立した」一九四八年にイスラエルの支配を逃れた歴史的にパレスチナの一部だった地域、すなわちヨルダン川西岸地区、東エルサレムとガザ地区を制圧した。五〇年後の今もイスラエルの占領は続いているが、パレスチナ人の国民的希求を打ち砕こうとする戦略は長い歴史に根差した抵抗に遭っている。

［仏語版編集部］（仏語版2017年6月号より）

二〇一七年四月の終わりに、米国の数名の共和党議員が「イスラエルの勝利」という名のグループ（政策会合）を作った⑴。彼らは「我々はイスラエルがあの戦争での勝者だと確信しており、イスラエルと近隣諸国間の和平を望むのであればこの事実を認めるべきだ」と述べている。メンバーの一人である中東研究者ダニエル・パイプスは、イスラエルは「その意思を敵に認めさせなければならない」という。これに反応して、何百人ものパレスチナ人の政治囚たちは彼らのなかで最も名の知られたマルワン・バルグーティ氏の呼びかけでハンガーストライキを始めた。――［パレスチナでの］抵抗はこれからも続き、パレスチナが消滅するという幻想がまたもや雲散霧消することになるのだと声高に表明するのが彼らのやり方なのだ。というのも、イスラエルとその同盟諸国がパレスチナを降伏させ、さらにはこの世から消し去ろうという幻想を抱くのはこれが初めてではないからだ。

「難民たちは四散し、自然淘汰によりある者は生き延び、ある者は消えていく。（……）大多数は浮浪者となり、アラブ世界の最貧層のなかに埋没していくだろう⑵」。シオニスト労働党の有力な指導者で、後にイスラエルの首相［一九五四～五五年］になるモシェ・シャレットは、［第一次中東］戦争（一九四八～四九年）の直後に故郷を追われた七〇万人のパレスチナ人の不幸な先行きをこう予言していた。

当時、パレスチナ人は、手ひどい敗北を喫したばかりだった。一九四七年一一月二九日に国連で採択された「ユダヤ人国家とパレスチナ人国家を独立させる」パレスチナ分割決議案により、パレスチナ建国の地に予定されていた土地が三つに分割されてしまったからだ。その三つとは、イスラエルに占領された一部（とりわけガラリアの北部）、ヨルダンのハシミテ王国に併合されたヨルダン川西岸地区と東エルサレム、そして、エジプトの管理下に置かれ一定の自治権を認められた小さな領土ガザ地区である。こうした体制も動乱のさなかに掻き消されて、政治的な方向付けがない状態に戻ってしまった。

解放運動の誕生

このナクバ（大災厄）(3)以前に、もう一つの敗北があった。一九三六年から一九三九年に起きたパレスチナ人による大規模な暴動の鎮圧だ。それは英国軍駐留の終結とユダヤ人入植の停止を求めた市民と軍人による蜂起だった。この反乱はシオニストの武装民兵と連合した英国軍によって鎮圧され、シオニスト民兵たちは戦闘のなかで（英国から供給された）武器を手に入れて、第一次中東戦争でアラブ軍を打ち負かす能力を身につけたのだ。

近隣諸国でのテント生活に追いやられるか、イスラエルの管理下に留まるかしたパレスチナ人は、シャレットが予言したように消えゆくかと思われた。彼らの運命はアメリカインディアン、あるいは北アメリカ、オーストラリア、ニュージーランドを征服した白人に滅ぼされた「先住民」にも似ていた。あるいは、彼らに好意的なアラブ世界に溶け込んでいくこともできただろう。なんといっても言葉、文化、時には宗教さえ同じなのだから。

イスラエルは、アラブ諸国がパレスチナ難民の統合を拒んでいると非難したが、受け入れ国による入植のあらゆる試みを拒否したのはパレスチナ人のほうだった。これは彼らの抵抗の第一幕だった。彼らは最初の頃、収容キャンプに恒久的な建物を建てることさえ拒んだ。ガザ地区では、ガマール・アブドゥル＝ナセル率いる自由将校団によるエジプトの新政権が一九五三年七月に「国際連合パレスチナ難民救済事業機関（ＵＮＲＷＡ）」(4)と合意を結び何万人もの難民をシナイ半島に住まわせようとしたが、パレスチナ人は激しいデモでこれを拒否した。パレスチナへの帰還だけが唯一容認できる夢なのだ。

イスラエルの平和活動家であるウリ・アヴネリは、彼が兵士だった頃の一九五六年の「第二次中東」戦争(5)とイスラエルによる最初のガザ地区の短い占領の時期に経験した印象深い会話について語った。「私は、難民キャンプのアラブ人の少年に、どこから来たの？と訊いた。アル・クバブから、と彼は答えた。私はこの少年の答えに衝撃を受けた。というのも、この子はわずか七歳なのだ。戦後ガザで生まれているので、とっくになくなってしまったアル・クバブの村を見たこともないはずなのだ(6)」。六〇年を経た今、パレスチナ人の大半は亡命先で生まれたにもかかわらず、子どもたちは大人同様いつも同じように答える。彼らは、家族が追い払われた村が自分の出身地だと認識しているのだ。何千年もの間「来年はエルサレムで」という祈りの言葉を政治的スローガンとしてきたシオニストたちは、パレスチナ人のこの執念を理解できるに違いない。

このナクバのあとにパレスチナ民族運動が再び興ってきた背景には、敗北を乗り越えるあの固い意志がある。それにはこの地域の事情が影響している。イスラエルの建国は中東を揺るがし、西側寄りのアラブ人政権の崩壊を促した。ナセルが一九五二年にエジプトで政権に就き、中東地域全体に革命的民族主義が勃興し、一九五八年にはイラクの王政が崩壊した。この熱は、イスラエルとの戦いの屈辱的な敗北の記憶を消し去りたいと願うアラブ諸国間の対立および競り合いとあいまって、一九六四年にアラブ連盟によるパレスチナ解放機構（ＰＬＯ）設立の決定に繋がった。これと平行して、それまで知られていなかった組織ファタハが一九六五年一月一日にイスラエルに対して最初の軍事行動を起こした。一九六七年六月にアラブが再び瓦解して⑺、パレスチナの闘いを自立させる諸条件を生み出した。一九六九年二月一日、ファタハの首領であるヤセル・アラファトがＰＬＯの執行委員会議長に選出された。

パレスチナの民族運動は、インドシナ人民による米国の介入に対する闘い、ラテンアメリカのゲリラ活動、ポルトガルの植民地政策や南アフリカのアパルトヘイト政権に対する武力闘争の出現といった国際的な背景のさなかにあった。作家ジャン・ジュネは、『恋する虜　パレスチナへの旅』（鵜飼哲・海老原武訳、人文書院）のなかで、これらの願望を、「パレスチナは『巨大な花火の形をした雄大な革命（……）銀行から銀行へ、オペラ劇場からオペラ劇場へ、刑務所から裁判所へと飛び火しながらアラブ人民に属する油井にだけは手を付けずにおく火災』の中心にいる」と語っている。

この望みは実を結ばなかった。［パレスチナ人は］レバノン内戦に巻き込まれ、レバノンにおけると同様に占領地域でのイスラエルの作戦の的にされ、アラブ世界の分裂と近隣諸国（イラク、シリア、ヨルダン）による内政干渉の犠牲となった。パレスチナ人は目標をもっと限定し、パレスチナ分割案を受け入れることを余儀なくされた。次第に、武力闘争を諦め、彼らの目的を世界中に知らしめた、西側諸国が「テロリスト」と呼ぶハイジャックのような「海外活動」も諦めざるを得なくなり、外交的、政治的な活動や多少とも安定した組織の設立（青少年や女性のための組織、組合、作家協会など）に携わるようになった。

一九六七年にイスラエルに占領されたヨルダン川西岸地区、ガザ地区、東エルサレムでの人口が徐々に増えていくのを背景に、ＰＬＯは国際的な認知を得るようになり、アラファトは、一九七四年一一月一三日の国連総会で発言の機会を与えられた。そのときＰＬＯ

はイスラエルと米国を除く大多数の国々から承認された――イスラエルと米国が態度を変えるには一九九〇年代まで待たねばならない――。一九八〇年代には、欧州とフランスが二つの原則を［イスラエルに］認めさせるのに貢献した。すなわち、パレスチナ人の民族自決権および彼らの代表組織ＰＬＯとの対話の必要性である。

先住民に対する優越感

一九八七年一二月に「イスラエル占領地域でのパレスチナ人による反イスラエル闘争である」インティファーダが勃発するが、冷戦が終結した後は、米国大統領ウイリアム・クリントンの庇護のもとにヤセル・アラファトとイスラエル首相イツハク・ラビンが一九九三年九月一三日に「パレスチナ暫定自治に関する」オスロ合意に調印した。一九九四年七月一日に、アラファトはまず、ガザとジェリコにパレスチナ自治政府を置いた。基本的に、調印文書の曖昧さは、「和平と領土」の交換という一つの明確な原則を認識することで補われていたのだろう。すなわち、「第三次中東戦争勃発前日の」一九六七年六月四日の国境線に従って、イスラエルのそばにパレスチナ国家を建設することがそれである。この「和平プロセス」は、明白な失敗に帰する。「自治」が与えられたにもかかわらず、イスラエル軍の検問所の数だけ移動の自由が妨げられてパレスチナ人の日常生活は以前より悪化した。イスラエル左派政権下でも右派と同様に植民地化は容赦なく進められた。

この失敗はさまざまに説明しうるが、最大の理由は、シオニストの植民地主義的な構想にある。ユダヤ人は「先住民」に対する優越感情を抱いており、それゆえイスラエルの指導者たちは、現実に、パレスチナ人に平等と自決権を認めることを拒んでいるのだ。イスラエル当局にとってイスラエル人の安全は重要でも、パレスチナ人の安全はたいしたことではないのだ。

二〇〇〇年九月に起こった第二次インティファーダの敗北はパレスチナ自治政府を大いに弱体化させ、イスラーム政党ハマスの管理下にあるガザ地区とアラファトのファタハが管理するヨルダン川西岸地区の対立を招いた。それでも、外交面では否定しがたい成功をおさめ、パレスチナが国連のオブザーバーとして認められ、(フランスを除く) 約一〇〇カ国から外交上の承認を得るに至った。もう一つの成果は、現地での帰属問題や幾多の追放経験を乗り越えて強力な民族意識が高まったことである。内部対立やイスラエルによる働きかけにもかかわらず、パレスチナ人は悔恨の念を抱いてはいない。自分の家にしがみつくだけでなく、占領されていようと追放されていようと誇りをもって自らのアイデンティティを主張する。パレスチナ中央統計局によると、今日、パレスチナの委任統治領土ではイスラエルのユダヤ人と同じ数だけのパレスチナ人（イスラエル在住者も加えて六〇〇万人以上）がいるという。「民なき土地」(8)を夢見てきたシオニストの指導者たちには悪夢のような数字であろう。

「和平プロセスの蘇生」はもはや幻想だ。PLOのマハムード・アッバス議長と「国際社会」がそう思っていないのは、人工呼吸をしてでも現状の体制を維持することで彼らの事なかれ主義を正当化し、国際法に基づく斬新な提案ができないことを繕うためだ。パレスチナ人はどういう新戦略を取るのだろうか？　計画を構想するには時間が必要だ。一九六七年六月の戦争で開かれたページはオスロ合意の失敗で完全に閉じてしまっており、パレスチナ人の間で意見が割れている。分割案を諦めるべきか？　一国方式を主張すべきか？　パレスチナ自治政府は解散すべきか？　暴力が果たす役割はあるのか？　原理主義で知られたあのハマスですらこの議論と無縁ではない。一九六七年の国境に基づく一国方式(9)を初めて明確に認めた彼らの新綱領がそのことを物語っている。

紛争の象徴的な影響

しかし、二人のパレスチナ人の大学教員が説明するように、「決定的な政治的解決策がないなかで、主要な目標は、パレスチナ人民の自決権の必須要件であり将来の全ての政治的解決にも織り込まれるべき基本的権利だ。すなわち、占領と植民地化の終結、難民が故国に帰還し自分の財産を取り戻す権利(10)、さらに、イスラエル在住のパレスチナ市民が差別されないで完全な平等を得ることである。これら三つの目標は、パレスチナ民族自決の必須要件として、パレスチナ市民運動がこれらの実現まで続けるよう呼びかけている、イスラエルに対する『ボイコット、投資引き揚げ、制裁（ＢＤＳ）』キャンペーン(11)に雄弁に表現されている」。

二〇〇五年七月九日に一七一の非政府組織の呼びかけによって発足したＢＤＳ運動は、政治の無力に直面して市民社会が旗振りをするという、パレスチナの歴史上画期的な第一歩である。権利の平等を求めるこの平和主義的な運動は、フランスを含む西側のいくつかの政府がこれを犯罪扱いしようとしているが、二〇一四年夏のガザ戦争のときと同じように、ラテンアメリカから欧州を経由してアジアまで広く支持を得ているのだ。なぜだろうか？

二〇世紀の後半に二つの原理が国境を越えて広がった。それは、ベトナムと南アフリカだ。死者の数はその怒りの中心的な原動力ではなかった。国際世論は死者の数という物差しだけでは動かない。その状況に対する共鳴が、どの程度の広がりを持つかということに注目するのだ。たとえば、ある紛争が現地の地理上の狭い領域を超えて普遍的な意味合いを持ち、時代の真相を物語るといったときである。ベトナム［戦争］と南ア［のアパルトヘイト］は、一見似たところがないようにみえるが、両者とも南北［問題］の狭間にあり、どちらも植民地問題にかかわる紛争なのだ。

パレスチナもそのケースだが、状況は変わった。すでに、「黒人政権」理論とは一線を画して、民族会議（ＡＮＣ）の白人を取り込む「虹の国」プロジェクトを経験した南アフリカが、時代の変化を示していた。すなわち、武力闘争はもはや唯一の道ではなく、自由を求める新しい方法が探究され、権利の平等が要求の中心に据えられた。

現代で最も長期にわたるパレスチナ紛争では、争点は単なる領土問題の域を超えている。領土の問題というより、何よりもまず正義の問題、いやむしろ不断に繰り返される不正義の問題なのだ。イスラエルによる占領地区では、人々は植民地化の進行という他の世界ではもはや存在しない現象に直面している。一九六七年以来、イスラエルはヨルダン川西岸地区と東エルサレムに六五万人以上のイスラエル人を入植させるという、国際刑事裁判所が「戦争犯罪」と断じた行為を行なっているのだ。パレスチナ人の生活では次のようなことが日常的である。すなわち、土地の没収、家屋の破壊、逮捕――成人男子の過半は刑務所暮らしを経験している――、拷問、軍による無差別銃撃、両国民を「分離」するためではなく一方の国民を囲い込むための壁の建設など。南アフリカのバンツースタン(12)さながらだが、イスラエル人だけのための特別な道路が取り囲んでいる点では、南アフリカにすらなかった隔離の形態だ。人々が特別な法律で統治される体制は、多くの点でアパルトヘイトと似ている。つまり、二つの国民が同じ土地（ヨルダン川西岸地区と東エルサレム）に住み、パレスチナ人とイスラエル人入植者が異なる法制度に服し、異なる裁判所で捌かれるのだ(13)。

世界中で、数百万の人々がパレスチナ人の闘いにわが身を投影することができる。それは、差別に反対し権利の平等を求める自分の闘いに繋がる。西側から追放された若者や故郷を追われたインディアンあるいはイギリスの植民地主義と闘った過去を誇りに思うアイルランド人なら、わが身をパレスチナ人になぞらえることができる。それがパレスチナ人の勝利を保証するものではなくても、この連帯意識はパレスチナ人の有力な切り札の一つになり、彼ら個人の決意を超えて、彼らの大義が生き続けるだろうという保証になる。

一九一七年一一月二日に、アーサー・ジェームス・バルフォア卿は、英国政府が「パレスチナの地にユダヤ民族（初稿には、ユダヤ人種と書かれていた）のための国家が建設されることを好意的に検討しており、この目的の実現のためにあらゆる努力を惜しまない」と宣言した公式文書に署名した。シオニスト組織で戦闘に従事したユダヤ人作家アーサー・

ケストラーは「ある国家が正式に他の国家に対して第三者の領土を約束したのだ」と言う。この植民地主義の構想は長い年月にわたる不安定、戦争、怨恨、憎悪のもとになった。この政策はこの地域のあらゆる不満の種であったし今もそうである。パレスチナ問題を解決しても直ちには平和には至らないが、今後も［イスラエルによる］占領が続く限り中東には平和も安定もないであろう。

（訳／嶋谷園加、生野雄一）

(1)« New Republican pro-Israel caucus wants Palestinians to admit defeat », Jewish Telegraphic Agency, *27 avril 2017.*

(2)Cité dans Alain Gresh et Dominique Vidal, *Palestine 47. Un partage avorté,* Complexe, Bruxelles, 1994 (1re éd. : 1987)

(3)［訳注］「大厄災」「悲劇」の意。一九四八年五月一五日、第一次中東戦争勃発で多くのパレスチナ人が近隣諸国への避難を余儀なくされたことを指す。

(4)Office de secours et de travaux des Nations unies pour les réfugiés de Palestine dans le Proche-Orient, 国連パレスチナ難民救済事業機関、一九四九年一二月八日設立。

(5)一九五六年七月二六日のナセルによるスエズ運河会社の国有化に対して、フランス、英国およびイスラエルはエジプトに攻撃を仕掛けた。軍事的には勝利を収めたエジプトは惨めにも米国とソ連の圧力に屈して終戦した。

(6)*Cité dans Palestine 47*

(7)一九六七年六月の戦争。一九四八‐四九年の第一次中東戦争、一九五六年の第二次中東戦争のあとのアラブ・イスラエル間の第三次中東戦争。エジプト、シリア、ヨルダンが敗北。イスラエルはシナイ半島、シリアのゴラン高原、ヨルダン川西岸地区、ガザ地区及び東エルサレムを制圧した。

(8)この入植政策の失敗というテーマは *De quoi la Palestine est-elle le nom ?,* Actes Sud, Arles, 2012. に

おいて展開されている。

(9) Leïla Seurat, « Révolution dans la révolution au Hamas », OrientXXI.info, 1er mai 2017.

(10) 一九四八年一二月一一日に採択された国連総会決議一九四号は、次のように謳っている「故国に帰還を望む難民はできるだけ早くそうさせるべきである」。さらに「故国に帰還しないと決めた人々には財産補償として賠償金が支払われるべきである」と国連総会決議三二三六号（一九七四年）でもこの措置を確認している。

(11) Hannah Nadia Hijab et Ingrid Jaradat Gassner, « Parler de la Palestine : Quel cadre d'analyse ? Quels objectifs et quels messages ? », Agence Médias Palestine, 12 avril 2017.

(12) バンツースタンは、南アフリカの白人政権が黒人を居住させるために作った地域で、極めて限定的な自治権しか与えられていなかった。la carte publiée dans *L'Atlas du Monde diplomatique*, « Retour à la Cisjordanie », 2009.

(13) Céline Lebrun et Julien Salingue (sous la dir. de), *Israël, un État d'apartheid ? Enjeux juridiques et politiques*, L'Harmattan, coll. « Comprendre le Moyen-Orient », Paris, 2013.

MONDE diplomatique 日本語版

PALESTINE

立ち上がるパレスチナの民衆

2021年6月号論説

セルジュ・アリミ
Serge Halimi
ル・モンド・ディプロマティーク編集記者

パレスチナはこの一五年間で五回、イスラエルによる懲罰的な侵攻を受けている。二〇〇六年の「夏の雨作戦」、二〇〇八〜〇九年の「鋳造された鉛作戦」、二〇一二年の「雲の柱作戦」、二〇一四年の「境界防衛作戦」、そして二〇二一年の「壁の守護者作戦」だ。イスラエルがこのように作戦名を付けるのは、攻撃する側の自分たちがあたかも「包囲されている」かのように見せかけるためだ。この一五年間、イスラエルは同じスローガンをまくしたてることで同様の懲罰行為を正当化してきた。というのも、イスラエルとの戦力の差が明らかなので「戦争」という言葉はふさわしくないからだ。イスラエル国防軍は世界でも有数の戦力を備えた軍隊の一つであり、米国から無制限の支援を受けており、常に陸と海でパレスチナを封じ込めている(1)。他方、パレスチナ側には戦車も航空機も艦船もなく、どこの国からも実のある支援を受けてはいない。在仏イスラエル大使がパレスチナ側を「二一世紀における最も卑劣な戦争犯罪の一つだ(2)」と厚顔無恥にも非難しなければならなかったのは、あくまで「戦争」と言い募ることで自己正当化を図るためだった。だが、この五回の侵攻での双方の犠牲者数を見れば、その答えは明白だ。

周知の通り、この一五年間、イスラエルは自分たちに向けられた攻撃に「報復」または「反撃」してきた。というのも、イスラエル側の説明では、自国兵の誘拐やイスラエルに向けたロケット弾発射といった出来事が起きる前には、たった一秒前であっても攻撃を始めたことがないからだ。だが、こうした対立を遡って見ると、常設検問所、軍事占領、空港もない地域の封鎖、分離壁、パレスチナ人の住宅破壊、ヨルダン川西岸地区への入植といった日常的な嫌がらせという別の側面を見落とすことになる。

ところで、もし仮にハマスが消滅したとしても、事態は何も変わらないだろう。ハマスの運動が始まった時点で彼らを支援し、資金援助をしてきたイスラエルはそのことを十分に承知している(3)。だが、こうした敵対勢力を前面に押し出すことが、イスラエルにとって有利に働いている。イスラエルは、国家樹立を目的としたパレスチナ民衆の闘いをあたかもメシア的宗教組織によるテロ攻撃であると表明することができるからだ。イスラエル当局は、五月にエルサレムにあるモスクの広場に礼拝のため集まっていた信者を暴力的に排除したが、こうした暴力的介入がイスラーム主義者の運動にとって好都合に作用することを知らなかったはずがない。

ベンヤミン・ネタニヤフ首相の軍事行動は世間の顰蹙《ひんしゅく》を買う見えすいたものだったにもかかわらず、いかなる妨害を受けることもなく遂行された。国連決議（決議が行なわれたとしてもイスラエルはまたもや無視したことだろう）も、制裁措置も、大使の召還も、武器納入の中断もなかった。米政府と全く同様に欧州連合（EU）もイスラエル右派政権の声明を受け入れた。マリーヌ・ルペン氏やベルナール＝アンリ・レヴィ、社会主義者のパリ市長アンヌ・イダルゴの支持を得て、フランス政府がパレスチナの民衆に連帯するデモンストレーションを禁止することだけに躍起となった。イスラエルが強力かつ支配的になればなるほど、この国は非民主的になり、世界はますますこの国に媚びへつらうことになると思われる。

しかしながら、パレスチナに対する五回の〝戦争〟が証明してきたように、この外交的に演出された「アイアン・ドーム［イスラエルの防空システム］」は、この国の平和を保証することにはならない。完膚なきまでに押しつぶされ、押さえつけられない限り、抑圧者の暴力は常に抵抗の暴力を引き起こすからだ。パレスチナの民衆はこれからも立ち上がり続けることだろう。

（訳／土田 修）

(1) Lire Olivier Pironet, « À Gaza, un peuple en cage», *Le Monde diplomatique*, septembre 2019.

(2) M. Daniel Saada, sur Europe 1, le 12 mai 2021.

(3) ［訳注］イスラーム原理主義組織ハマスは、一九八〇年代の第一次インティファーダ時代に、パレスチナ解放戦線（ＰＬＯ）の影響力から脱した対イスラエル抵抗組織として設立されたことから、イスラエルはＰＬＯに対抗する勢力になることを期待し、秘密裏に資金援助していた経緯がある。ハマスはイスラエルを国家として承認することを拒否し、パレスチナの主権国家の樹立を求めているが、ガザ地区にはハマスより過激な武装組織が存在することから、イスラエルはそうした武装組織の勢力拡大を防ぐため、ハマスを根絶やしにするのではなく、「芝刈り」と称する〝懲罰的〟な攻撃にとどめている。

LE MONDE diplomatique 日本語版

PALESTINE

問われるテロリズムの定義

アラン・グレシュ
Alain Gresh
オンラインメディア"OrientXXI"編集長、エレーヌ・アルデゲールとの共著に*Un chant d'amour. Israël-Palestine, une histoire française*, Libertalia, Montreuil, 2023(改定新版)がある。

ハマスのイスラエル人殺戮に怒りを覚えなかった者がいるだろうか？　だが、イスラエル政府が行なったガザ地区への爆撃の嵐に対しても同じだろう。前者は「テロリスト」と呼ばれ、後者はそうは呼ばれていない。その差は一体何なのか？

［日本語版編集部］（仏語版2023年11月号より）

親にとって、子どもを失うこと以上の悲劇があるだろうか？　山ほどの希望が露と消え、山ほどの夢が悪夢に変わり、全ての未来が闇に飲み込まれる。これを真に理解することは経験した者にしかできない。そして、このような悲劇を知らせる電話を受けることを想像すると、どの親も身震いを覚える。この悲運が病気の結果であれば「運命」を呪うことしかできない。事故の場合は、運転手のせいであれば彼を憎める。では学校やスーパーマーケットや、単なる通行人を襲う「テロ」行為なら誰のせいにできるか？　もちろんテロリストをおいて他にはいない。

だが、そうではないこともある。それは一九九七年九月四日、エルサレム中心部のベン＝イェフーダ通りでのことだった。ハマスの戦闘員三人が自爆テロを起こした。殺害された五人の中に、本を買いに出かけていたスマダールという一四歳の少女もいた。彼女はイスラエルで名の通った家の娘だった。彼女の祖父、マッティトヤフ・ペレド将軍は一九六七年六月の［第三次中東戦争］勝利の立役者の一人で、その後「ハト派」になり、パレスチナ解放機構（ＰＬＯ）の指導者とシオニズム［ユダヤ人によるパレスチナ回復・祖国建設をめざした運動］を唱えるイスラエル人との最初の秘密会談、いわゆる「パリ会談」［一九七六年］の主人公に数えられている人物だ。一九九七年、ベンヤミン・ネタニヤフ首相はすでに在職中で［一期目、一九九六〜九九年］、一九九三年に調印されたオスロ合意を破棄するとの公約をその後、実行に移している。しかし彼はまた、殺されたスマダールの母親ヌリットの幼なじみで学友でもあった。追悼の電話をかけてきたネタニヤフ首相に彼女は「ビビ、何てことをしたの？」と答えた。娘の死の責任は彼にあるとしたのだ(1)。

「私にとって、娘を殺したテロリストと、領土封鎖中に病院へ行こうとしたパレスチナ人妊婦に通行許可を与えなかったイスラエル軍兵士との間に違いはありません。そのせいでその妊婦は結局赤ん坊を失いました。もしパレスチナ人が、『私たち』が彼らにしたのと同じ仕打ちを私たちに対してしていたら、『私たち』は彼らに対して、彼らが私たちに撒いた恐怖の種の百倍もの量をばら撒いたに違いありません」。ヌリットは、ネタニヤフ首相のことを「過去の人間」と表現して手記を締めくくっているが、無念にも彼女は誤っていた。今も彼はイスラエル政治の顔であり続けている。司法制度改革を目論むネタニヤフ氏への批判は何カ月も続いているが、社会の大多数は、イスラエルがガザで進めている犯罪的な政策（国際法の見地から）を正当化するために彼の下に結集している。この壁に囲まれた地区の硝煙に包まれた瓦礫の中で、次世代のパレスチナ人戦士たちは前世代よりも強い決意を持ち、その心を怒りと消すことのできない憎しみで満たして育ってゆく。

一九九〇年代から二〇〇〇年代にかけての自爆ゲリラ隊の行動も、一〇月七日にハマスが他のパレスチナ組織と連携して行なった襲撃も戦争犯罪だが、イスラエル軍がガザ地区を封鎖し爆撃しているのもそれと同じだ。ここにテロリズムとその定義の問題が再び提起されている。「テロ組織」とひと括りにされている集団は多様で、この問題を解くのは骨の折れる作業だ(2)。一九九五年四月一九日にオクラホマシティで爆破テロを起こしたアメリカの極右民兵組織、アルカイダ、アイルランド共和国軍（ＩＲＡ）、クルディスタン労働者党（ＰＫＫ）などを同じレッテルでひと括りにできるだろうか？「テロリズム」という糾弾が意味するのは、これらの活動を絶対的な「悪」の具現として扱うということだ。それに対してはいかなる妥協も不可能であり、「善」の勝利を確実にするための唯一の戦略はその根絶しかない。しかし、アイルランドであれアルジェリアであれ、「昨日のテロリスト」が明日の指導者であることは、歴史がしばしば証明している。

ジャーナリストたちが、ガザについて発言する者すべてに対してハマスを「テロ組織」として非難するよう強く促すとき、彼らは主に欧州連合（ＥＵ）と米国が認定しているこの呼称が、国連でも、この組織とつながりのある多くの国でも採用されていないことを忘れている。イスラエルでさえ、何年もの間この組織とコンタクトを続け、ハマスを「買収」することを期待して、カタールがガザに何億ドルもの資金を送り届けることを容認してきた。二〇〇六年のパレスチナ立法評議会選挙でパレスチナ人票の約四四パーセントを獲得した党を、さっさと簡単に一掃できるとは考えにくい。

二〇〇〇年代初め、第二次インティファーダがきっかけでＥＵがハマスをテロ組織と認定したことは多くの議論を巻き起こした。フランス政府はイスラーム主義運動との対話を続けたほうがよいとの信念から、すでにテロ組織に認定されていたイズ・アル・ディン・アル・カッサム旅団とハマスを切り離そうとした。アル・アクサ殉教者旅団がＰＬＯの主要支部であるファタハと区別されたのと同じ具合だ。フランスは最終的に同盟諸国からの圧力に屈してハマスのテロ組織指定を認めたが、ヒズボラについてはレバノン議会に議席を持ち同国の国内政治における主要な政党であるとの理由からテロ組織リストへの認定を拒んでいる(3)。

ＰＫＫのケースは西側諸国の政策の矛盾を凝縮している。ＰＫＫは欧米がテロ組織に認定しているため、表立って支持すればテロを擁護していると非難される可能性があるのだが、二〇一四〜一五年、欧米諸国はＰＫＫに武器を供与した。それはイラクにおけるイスラミック・ステート（イスラム国、ＩＳ）の攻撃を阻止するためで、ＰＫＫはシリアの町コバニを防衛し、その勇壮さは世界中で広く称賛された(4)。

民間人を標的にした、あるいは主に民間人に影響を及ぼす「テロ行為」が存在するのは紛れもない事実だ。このような闘争方法は、多くの解放運動の中で状況に応じて大なり小なり用いられてきた。だがそれについて憤る前に、彼らが戦闘機、戦車、ミサイルを装備した近代的な軍隊を相手にまったく不平等な戦いを繰り広げてきたことを思い出さなければならない。そして何十年もの間、植民地支配者からは見えない、時には皆殺しにせんばかりの日常的な恐怖が占領下の住民を襲い、怒りや失望、憤りを煽ってきたこともだ。

作家のマネス・スペルベールは「恐怖に気づかないのは簡単だ。恐怖は、それとは無関係な人々、つまり圧倒的多数の人々の無関心に覆い隠されているのだから(5)」と書いている。彼は一九三〇年代のヨーロッパにおけるファシズムの恐怖について語っていたのだが、ここでいう被植民地支配の恐怖は、支配側の圧倒的多数の人々にはさらにもっと気づかれないままで、彼らは被支配民が反逆してしかけてくる「蛮行」に怯えていた。

テロリズムはすべての解放運動で同じ役割りを果たしたわけではなく、その行使を抑えることに成功した例もある。西側諸国の多くの人々が信じているようにその闘いを善意による「平和主義」とみなすことはできないとしても、南アフリカのケースは好例だ。アフリカ民族会議（ANC）も暴力を行使し、時にはテロ活動も行なったが、その闘争の状況から彼らは穏健路線を選ぶことができた。ANCには彼らの闘争に積極的に関与してくれる国際的規模の強力な同盟諸国があったのだ。ソ連とその同盟国、非同盟諸国の断固とした運動、西側諸国における強力なボイコット運動などが頼りになったし、その運動についてては誰も犯罪だとみなさず、むしろそれがアパルトヘイトと南アフリカの資本主義支持層を弱体化させてくれた。最後に、アンゴラへのキューバの軍事介入、特にフィデル・カストロの軍隊が南アフリカ軍に致命的な打撃を与えた一九八八年一月のクイト・クアナヴァレの戦いは、ネルソン・マンデラによれば、「我々の大陸とわが民族の解放における転換点(6)」となった。こういうわけでANCはテロに訴えるのを避けることができたのだ。それとは反対に今、アラブ諸国の政府からも含め、運命に見放されているのはパレスチナ人であり、西側諸国から無条件に支持されているのはイスラエルだ。ファシストで「ユダヤ人至上主義者」の閣僚ら［極右政党連合「宗教シオニズム／ユダヤの力」のスモトリッチ財務相とベングビール国家治安相ら］がイスラエルの政権に就いても、この欧米の立場は影響を受けないだろう(7)。

ＰＬＯとその構成組織に特有のジレンマを理解するためには、一九六七年の「イスラエルによるパレスチナ自治区の」占領に続くパレスチナ人の闘いに立ち戻らなければならない。パレスチナ人フェダイーン（戦士）らの活動活発化による満足感の漂った時期の後、彼らは一九七〇～七一年にヨルダンから追放され(8)、同時に占領地域ではイスラエルが支配を強化した。その時点でパレスチナ闘争の存在そのものが危うくなり、それとともにあらゆる解放の希望も消滅の危機に瀕することになった。そうして一九七二年のミュンヘン・オリンピックでイスラエル代表団の一部を人質に取った事件で有名になった「黒い九月」組織の創設をきっかけに、国境を越えた暴力行為が急増した。ＰＬＯの元ナンバー・ツーであるアブ・イヤドが説明するように、「この組織は、レジスタンスが軍事的・政治的任務を十分に果たせなかった時期に、レジスタンスの補助的な役割を果たしました。（中略）その活動家らは、ヨルダンでの殺戮とそれに加担した共謀者たちに直面したパレスチナ人全体が抱いていた不満と憤りの深い感情をよく伝えていました(9)」。同じ頃、キリスト教系パレスチナ人のジョージ・ハバシュが率いるパレスチナ解放人民戦線（PFLP）は度々ハイジャック事件を起こし、一九七二年五月三〇日には日本赤軍とともにロッド空港（テルアビブ）への攻撃を実行している。

PLOが「対外活動」を停止するに至った理由は何か？　まずは非同盟諸国や社会主義諸国による認知が進んだことで存在の国際的な正当性が生まれ、一九七四年にヤーセル・アラファトが国連（UN）に招聘されるまでになったことだ。PLOは外交的駆け引きに参加するようになり、同年のパリをはじめとしてヨーロッパ各地で最初の公式代表部を開設した。はっきりとテロリズムを非難していたフランスは、紛争解決の鍵はイスラエルによる占領を終わらせることであり、それにはパレスチナ人の自決権を認めてPLOと交渉することだ、と同盟各国を説得するうえでの大きな役割を果たした（一九八〇年の中東に関する欧州理事会宣言）。当時、イスラエルのメナヘム・ベギン首相はヨーロッパ諸国を、まるでヒトラーの『我が闘争』のような文言を吹聴するファタハとの交渉を強制しようとしている、と糾弾した。ハマスを非難するためにネタニヤフ首相が言っていることと同じだ。このヨーロッパでの進展により外交的な窓口が開き、政治的なプロセスが始まった。ひと時の間、パレスチナ人は国家建設という夢の実現を期待し、和平に賭けることができたのだった。

「これは息子の仇を討つためだ！」

ここでオスロ合意の挫折の歴史を書き直そうというのではないが、これが二〇〇六年のパレスチナ立法評議会選挙でのハマスの勝利にひと役買ったのは否めない。その後何十年にもわたって暴力を煽り続けることになるのは、パレスチナ人の置かれている具体的な状況、植民政策の拡大、あらゆる政治活動の抑圧、大量の投獄、国際法の組織的な違反などがあるからだ。ハマスの活動が縮小しているヨルダン川西岸地区では、イスラエルの行動はより「穏健」だろうか？

イスラエルは、一九世紀末のドイツの専門家の格言を引用している。「国際法の原則を野蛮な民族にも適用しようとしてもそれは単なる文章にすぎない。黒人部族を罰するにはその村々を焼き払わなければならない。そういう見せしめをしなければ何も達成できないのだ(10)」。イスラエル人の死だけに動揺する欧米人にはしばしば見えないこの恐怖が、パレスチナ人の日常なのだ。それは彼らの骨の髄にまで刻み込まれている。一〇月七日のイスラエル襲撃後に拡散されたビデオには、ハマスの戦闘員たちが「これは（お前たちが殺した）俺の息子の仇を討つためだ！（お前たちが殺した）俺の父親の仇を討つためだ！」、「これは（お前たちが殺した）俺の父親の仇を討つためだ！」と叫ぶ姿が映っている(11)。

「一〇三人のヨーロッパ人が殺害された。八四歳の女性を含む複数の女性が強姦された。ほとんどの場合、死体の手足は切断されていた。男性の性器は切り落とされて口に入れられ、女性の乳房は引き裂かれ、暴徒たちは死体に何度もナイフを突き刺した」。フランスの調査委員会は一九四五年五月八日にアルジェリア東部で起きた事件をこうまとめている。セティフでの「ナチス・ドイツに対する戦勝祝賀」デモの最中、「アルジェリア国旗を掲げていた」若い参加者が警察に殺されたことから暴動と虐殺が引き起こったのだった。メハナ・アムラーニによる優れた著作(12)は、一九五四年のアルジェリア戦争の先駆けとなったこの出来事に対するフランス国内の反応について回想している(13)。

植民地住民のこの「蛮行」をどう説明するべきか？　あるアナリストは当時、「暴力への呼び声が山々から悪の精霊のような、野蛮で残酷なベルベルの怪物を連れ出す。その動きはそれ以上の力がないともはや止めることができない。それが、戦勝を祝ったまさにその日にセティフで起こった出来事の歴史的、社会的説明だ」と書いている。日刊紙ル・モンドも黙っておらず、「騒乱はフランスによる政治、教育、社会行政が最も未発達な地域で起こった」と指摘した。暗に、もっと植民地化が進めばこれらの住民は「野蛮さ」から抜け出せるだろうとほのめかしている。しかし、もしそれが反対に、植民地化が彼らを野蛮に陥れたのだとしたらどうだろう?

「原住民」と呼ばれていたアルジェリア人に対し、一九四五年のセティフ蜂起後にフランスが行なった弾圧のすさまじさが認識されるまでには数十年を要した。何万人もの死者は長い間、フランスが犯した「文明人による虐殺」を直視したがらない人々の良心の下に隠し続けられていたのだ。

(訳/福井睦美)

(1) Lire Nourit Peled-Elhanan, « Bibi qu'as-tu fait ? », *Le Monde diplomatique*, octobre 1997.
(2) Lire l'éditorial de Dominique Vidal dans *Manière de voir*, n。140, « Vous avez dit terrorisme ? », avril-mai 2015.
(3) Nathalie Janne d'Othée, « Liste des organisations terroristes. Quand l'Union européenne s'emmêle », Orient XXI, 10 janvier 2022.
(4) Lire Dora Serwud, « Les héros de Kobané », dans *Manière de voir*, n。169, « 1920-2020, le combat kurde », février-mars 2020.
(5) Manès Sperber, *Et le buisson devint cendre*, Odile Jacob, Paris, 1990.
(6) Lire « L'Évangile selon Mandela », Le Monde diplomatique, juillet 2010.
(7) Lire Charles Enderlin, « Israël, le coup d'État identitaire », *Le Monde diplomatique*, février 2023.
(8) Lire « Mémoire d'un septembre noir », *Le Monde diplomatique*, septembre 2020.
(9) Abou Iyad, *Palestinien sans patrie* (entretiens avec Éric Rouleau), Fayolle, Paris, 1978.
(10) Sven Lindqvist, *Exterminez toutes ces brutes !*, Le Serpent à plumes, Paris, 1999.
(11) Ramzy Baroud, « A day to remember : How "Al-Quds Flood" altered the relationship between Palestine and Israel forever », The Palestine Chronicle, 10 octobre 2023.

(12) Mehana Amrani, *Le 8 Mai 1945 en Algérie. Les discours français sur les massacres de Sétif, Kherrata et Guelma*, L'Harmattan, Paris, 2010. (13) Lire Mohammed Harbi, « La guerre d'Algérie a commencé à Sétif », Le Monde diplomatique, mai 2005.

(13) Lire Mohammed Harbi, « La guerre d'Algérie a commencé à Sétif », *Le Monde diplomatique*, mai 2005.

土田修
ジャーナリスト（元東京新聞記者）、アソシエーションだるま舎代表、ル・モンド・ディプロマティーク日本語版前代表。金沢市生まれ、名古屋大学文学部卒業。著書に『調査報道―公共するジャーナリズムをめざして』（緑風出版）、『日本型新自由主義の破綻―アベノミクスとポスト・コロナの時代』（春秋社、共著）、『2023年、日本を生きるための羅針盤』（ele-king臨時増刊号、共著）

即時停戦！ 砲弾が私たちを焼き尽くす前に

2023年12月27日　第1刷発行

編著者　アソシエーションだるま舎・土田修
装　幀　大石一雄
発行人　松田健二
発行所　株式会社　社会評論社
〒113-0033 東京都文京区本郷2-3-10　お茶の水ビル
電話 03-3814-3861　Fax 03-3818-2808
https://www.shahyo.com
印刷製本　倉敷印刷株式会社

感想・ご意見お寄せください　book@shahyo.com

Printed in Japan